LA VOLPE E L'UVA

Dello stesso autore, presso Bompiani:

Il grillo parlante
La monaca di Monza
Se vuoi che t'ami...
Scandalo a corte

Roberto Gervaso

La volpe e l'uva

Bompiani

ISBN: 88-452-1473-7

Via Mecenate 91 – 20138 Milano
I edizione Bompiani ottobre 1989

A Gigliola Asaro Mazzola: l'uva

AVVERTENZA

Dopo Il grillo parlante, La volpe e l'uva.

Pillole anche queste di vera o presunta saggezza, riflessioni sull'uomo, sulla donna, sull'amore, sul matrimonio, sull'amicizia, sul successo, sulla politica, sulla fede, sulla vita, sulla morte: su tutto.

Non è facile né comodo guardarsi dentro, anche perché si rischia di non trovarsi. Questi aforismi vorrebbero dunque essere un filo d'Arianna. Auguriamoci che non si spezzi.

R. G.

Roma, settembre 1989

Il matrimonio c'insegna molte cose. Soprattutto che potevamo farne a meno.

*

Com'è difficile parlar bene di qualcuno in sua assenza.

*

Mai chiedere a una donna ciò che è comunque disposta a concederci.

*

Se Dio ha davvero fatto l'uomo a propria immagine e somiglianza, dev'essersene amaramente pentito.

*

Alla giornata non si vive: si sopravvive.

*

Il profumo della campagna è fatto anche di cattivi odori.

*

Ci sono donne che mentono al marito per ingannarlo; altre, per punirlo di averle ingannate.

*

Il pudore non evita il peccato: lo complica.

*

La fede ci fa sperare quello che temiamo non esista.

*

Perché giudicare con tanta crudeltà la follia? E se non fosse che il rifugio e il conforto di tanti disperati?

*

Dio è più facile riconoscerlo che conoscerlo.

*

Ciò che più mi piace in una donna ancora non l'ho capito.

*

L'altruismo è lo sforzo che il nostro egoismo compie per non essere smascherato.

*

Nella vita coniugale tre sono troppi; due, pochi.

*

Ci aiutano più i vizi a vivere che le virtù a morire.

*

Quando non abbiamo più voglia di niente, vuol dire che abbiamo bisogno di tutto.

*

La paura è la miglior complice della morte.

*

La differenza fra l'egoista e l'individualista: il primo pensa solo a se stesso; il secondo anche agli altri, ma in funzione di se stesso.

*

La felicità è fatta di un niente che, nell'attimo in cui lo godiamo, ci sembra tutto.

*

La maldicenza ci rende più sopportabili le virtù altrui.

*

È difficile capire perché amiamo chi non ci ama.

*

Niente ci fa perdere più tempo della fretta.

*

Nessuno è così stupido da credersi tale.

*

Mi fanno paura anche le malattie altrui.

*

Per trovare se stesso l'uomo deve perdersi in Dio.

*

La speranza è una delega della volontà alla provvidenza.

*

Gli affari riusciti non sono mai sporchi.

*

Le coppie fedeli non sanno quel che perdono.

*

Il bene lo ricorda più chi lo fa di chi lo riceve.

*

La differenza fra la donna bella e la brutta è che la bella sfiorisce.

*

I nudi rami degli alberi aspettano la primavera per rifarsi il guardaroba.

*

Non posso lamentarmi: ho il massimo indispensabile.

*

Ah, se fossimo gelosi delle nostre donne come lo siamo di quelle altrui!

*

Il vizio è la virtù che ha perso la pazienza.

*

Se una donna che non amiamo ci rifiuta i suoi favori, a soffrire sono i nostri sensi; se a negarceli, invece, è una donna che amiamo, ferito è il nostro orgoglio.

*

Le promesse si possono anche fare purché, poi, si dimentichino.

*

Temporale: le nubi, spaventate dai tuoni, scoppiano a piangere.

*

Un buon politico deve nutrire sospetti, non alimentarli.

*

È la certezza che non risparmierà neppure noi a renderci spaventosa – ma anche consolatoria – l'idea della morte.

*

Ciò che rende grande un piacere è la vittoria sulla sofferenza che ad esso misteriosamente s'accompagna.

*

Si può rinunciare a tutto. Meno che al proprio egoismo.

*

In amore, un niente basta a illuderci. E un niente a far svanire l'illusione.

*

Nulla ci difende meglio dall'egoismo altrui che quello nostro.

*

Le foglie morte, uccise dall'autunno: militi ignoti in attesa d'esequie.

*

Dio punisce, non distrugge.

*

Non basta soffrire. Bisogna anche saper soffrire. Solo così il dolore educa, matura, riscatta.

*

Dubitiamo di tutto e di tutti, ma guai se qualcuno osa dubitare di noi.

*

Una donna che finge di amarci è più difficile da lasciare di una che ci ama davvero. Nulla, infatti, è più convincente della simulazione femminile.

*

La fortuna aiuta gli audaci. Fortuna permettendo.

*

Conosciamo e capiamo gli uomini finché ci conviene conoscerli e capirli.

*

Quanta prosa nei sogni realizzati.

*

Solo quando gli dicono: “Per te, è finita”, l’uomo può finalmente capire chi è, imparare veramente a conoscersi.

*

In amore, le anime si sfiorano, si danno la mano, si fondono, sfioriscono, si separano, svaniscono.

*

La differenza tra la gelosia e la fiducia è che la gelosia è una malattia, la fiducia una filosofia.

*

Se vuoi che gli altri parlino bene di te, comincia a parlarne tu stesso.

*

Un uomo che capisce una donna finisce fatalmente col diventarne succubo.

*

L’amicizia unisce, la complicità lega.

*

Ciò che rende ridicolo l’uomo è il contrasto fra l’alta opinione che ha di sé e la scarsa considerazione che di lui hanno gli altri.

*

È più facile amare una donna che abbiamo odiato che riamarne una che non amiamo più.

*

Sarcasmo: ironia al cianuro.

*

Tutto può succedere a tutti. È la tragedia dell'uomo. Ma anche la sua commedia.

*

L'avarizia ci toglie il piacere di spendere, ma ci dà quello di non aver speso.

*

Che cattiva maestra la vita! Non c'insegna neppure a rinunciare a lei.

*

C'è sempre un sottile, perfido, inconfessato piacere nel dare agli amici brutte notizie e nel riferir loro cattivi giudizi.

*

Vivo nel passato che inghiotte il presente e attende al varco il futuro.

*

Il dovere diventa sacrificio quando gli viene meno la speranza.

*

Quante infedeltà si commettono perché non se ne può far a meno.

*

In fondo, facciamo per noi anche quello che facciamo per gli altri.

*

È vero che la donna ama più dell'uomo, ma ama l'uomo.

*

Chi è sempre felice – ammesso che qualcuno lo sia – non conosce la felicità, fatta di attimi.

*

Le donne che più ricordo sono quelle che più vorrei dimenticare.

*

Se l'uomo non fosse solo, vivrebbe ancora nelle caverne. È la solitudine che lo ha spinto alla lotta, presupposto di ogni progresso.

*

Chi si fida di tutti merita di esser ingannato.

*

Desideriamo la donna d'altri nell'illusione che gli altri non desiderino la nostra.

*

È l'indifferenza o la pigrizia, più che la bontà, a non farci pensar male degli altri.

*

Non ho più voglia di combattere, ma nemmeno di arrendermi.

*

Com'è difficile amare le donne che a tutti i costi chiedono di essere amate.

*

L'uomo paga più le proprie sciocchezze che le proprie colpe.

*

Rimandiamo più spesso quello che non abbiamo voglia di fare di quello che non sappiamo fare.

*

Il successo, più che la virtù, rende gli uomini grandi agli occhi del volgo.

*

Non esercitata, la virtù può diventare un peccato. Come il peccato una virtù.

*

La volubilità è la più frivola ribellione alla noia.

*

Chi non ha paura, non è coraggioso: è cieco.

*

Ho poche idee, ma molte fisse.

*

Per aver fiducia in se stessi bisogna credere un po' anche negli altri.

*

L'aldilà preferisco non immaginarlo. Per non guastarmi la sorpresa.

*

Dimentichiamo solo quello che non ci interessa.

*

L'uomo è vigliacco per spirito di conservazione.

*

Nessuno meglio dell'italiano sa prendere posizione dopo aver visto come si sono messe le cose.

*

La virtù è noiosa perché è sempre un po' ipocrita.

*

Quando le donne ci stanno, ci stanno sempre troppo.

*

Datemi una leva, e non saprò che farmene.

*

L'ambizione è la volontà in cerca del suo premio.

*

Quanto disinteresse nella tolleranza.

*

Non riusciamo ad essere in pace con noi stessi. Come potremmo esserlo con gli altri?

*

Il sorriso sta al riso come la malinconia alla tristezza.

*

L'uomo è solo non perché lo vuole, ma perché dev'esserlo.

*

Il cervello ci fa capire quanto siamo piccoli, il cuore quanto possiamo esser grandi.

*

In certi casi, la prudenza è sempre troppa.

*

Il più delle volte parliamo male di chi non parlerebbe comunque bene di noi.

*

Ciò che più mi piace in una donna è che piace anche agli altri uomini.

*

Quando amiamo, c'illudiamo che nessuno possa amare come noi. Quando soffriamo, che nessuno come noi possa soffrire.

*

Il dogma è un'opinione anchilosata.

*

La femmina è una donna realizzata. Il maschio, spesso, un uomo incompiuto.

*

Dio ci ha dato una grande anima e una piccola mente perché preferisce essere sentito più che capito.

*

Il moralista denuncia, il virtuoso dà l'esempio.

*

Una condanna ingiusta può gettare un uomo nella disperazione, ma anche rivelarlo a se stesso.

*

Il cielo grigio, per me è solo grigio. Ecco perché non sarò mai un poeta.

*

In amore, l'intimità è una clandestinità innocente.

*

Non si è mai troppo giusti. Si è giusti, e basta.

*

La tangente è la provvigione altrui.

*

Se sapessi dove voglio arrivare, sarei già arrivato.

*

A leggere nel pensiero di certa gente si rischiano solo delusioni.

*

Desideriamo più la donna che si fa desiderare di quella che ci desidera.

*

"Chi tocca i fili muore." E se non fosse vero?

*

Avendo poca memoria, è sempre d'accordo con l'ultimo con cui parla.

*

Finché l'uomo morirà, Dio vivrà.

*

Il conformista vuol essere come gli altri, sperando che gli altri non se ne accorgano.

*

Chi adula in pubblico, spesso calunnia in privato.

*

È più facile che perda chi ha stravinto che chi ha vinto.

*

L'abuso nasce dalla presunzione di un privilegio.

*

Crediamo più in ciò che ci piace che in ciò che ci convince.

*

Per farci veramente godere, l'amore deve farci anche un po' soffrire.

*

L'uomo si affanna anche per tener a bada la morte.

*

Quando ci accorgiamo di essere adulti, siamo già vecchi.

*

Il perché della morte non dovrebbe sgomentarci meno del perché della nascita.

*

Più pensiamo agli altri, più bastiamo a noi stessi.

*

La virtù, più che una scelta, è non di rado una necessità.

*

Aiutiamo gli altri soprattutto perché ce lo chiedono.

*

Nessuna delle donne che mi hanno fatto perdere la testa ha potuto impedirmi di ritrovarla.

*

Oltre che nel cuore dell'imputato, un buon giudice deve saper leggere nel proprio.

*

Si muore bene solo per caso.

*

Gli altri sono soprattutto quelli che non pensano a noi.

*

E se il nulla fosse il tutto?

*

In amore la donna vuol essere coinvolta solo per poter coinvolgere.

*

L'ambizione ha un prezzo che i più pagano sottobanco.

*

Anche chi finge di credere in Dio vorrebbe crederci.

*

La cotta è un capriccio del cuore; l'amore, un progetto.

*

La coscienza ci aiuta a scoprire i nostri difetti e a capire quelli altrui.

*

L'ambizioso sa dove vuole arrivare. E dove non devono arrivare gli altri.

*

Temo i Robespierre e i Saint-Just sia quando condannano un colpevole che quando assolvono un innocente.

*

Tristezza: malinconia malata.

*

L'amore non dà la felicità, ma la sua fatale illusione.

*

È l'immobilità che rende atroce la morte.

*

La democrazia bisogna guadagnarsela; la dittatura la si merita.

*

Siamo soli, ma non sempre disperatamente.

*

Nello zelo c'è più interesse che dedizione.

*

L'amicizia, più che intimità, è rispetto.

*

L'insuccesso degli altri è sempre un po' il nostro successo.

*

La libertà, diventata anarchia, muore d'indigestione.

*

Le donne ci chiedono quello che sembriamo disposti a concedere, non quello che in realtà vogliamo concedere.

*

Ciò che dobbiamo agli altri vorremmo esser sempre noi a stabilirlo.

*

Il moralismo è morale andata a male.

*

I ricordi, più sono vaghi, più sono belli.

*

L'uomo è niente, ma, se vuole, può quasi tutto.

*

L'ateo teme inconsciamente l'esistenza di Dio.

*

Del passato delle donne mi eccita soprattutto quel che mi tacciono.

*

Il moralista non ha princìpi, ma mire.

*

Più perdiamo tempo, più ci accorciamo la vita.

*

Gli innamorati sognano ciò che mai si realizzerà.

*

Le nostre opinioni coincidono quasi sempre con i nostri interessi.

*

Chiediamo spesso agli altri ciò che agli altri non daremmo mai.

*

Chi fa l'elemosina ha sempre l'aria di vergognarsi più di chi la riceve.

*

Giurare eterno amore è come giurare sulla propria immortalità.

*

La vera felicità è l'illusione di raggiungerla.

*

Chi non crede in nulla può facilmente fingere di credere in tutto.

*

Quante sventure si abbattono sull'uomo per salvarlo e redimerlo.

*

Le donne che si fanno troppo desiderare finiranno col desiderarci.

*

L'italiano confonde facilmente la libertà con i propri comodi. Anzi, con i propri comodacci.

*

Le difficoltà superate ci fanno temere un po' meno la morte.

*

L'odio è istinto; il disprezzo, ragionamento.

*

L'uomo è immortale, ma non riesce a dimostrarlo. È il suo dramma.

*

Ho smesso di sognare quando ho visto realizzarsi certi miei sogni.

*

Bastare a se stessi è facile. Purché ci si accontenti di poco.

*

Guardo il cielo e penso a Dio. Penso a Dio e guardo il cielo.

*

Le donne cedono per conquistarci. O per averne l'illusione.

*

Gli anni più belli della vita li aspetteremo fino alla morte.

*

Che Dio esista o no, l'uomo rimarrà sempre lo stesso.

*

Guardiamoci le spalle da chi non ci guarda negli occhi.

*

L'odio di classe nasce anche dal disprezzo della propria.

*

In amore tutto è possibile. Purché si sia corrisposti.

*

Il passato non è meno eterno del futuro.

*

Non c'è moralismo senza mancanza di scrupoli.

*

La notte porta consiglio. A condizione che si dorma.

*

Il vero politico scende a compromessi avendo l'aria di dettarli.

*

L'amore ha questo di bello: mette le ali alle illusioni.

*

A differenza del male, il bene crediamo sempre di meritarlo.

*

Chi dice sempre la verità, non ha evidentemente altro da dire.

*

In nessun paese, come in Italia, i continui colpi di timone non fanno mutare rotta.

*

La cotta è una piccola indigestione del sentimento.

*

La cattiva memoria è la grande alleata dell'egoismo.

*

Gli innamorati si guardano negli occhi non per vedersi, ma per sentirsi.

*

Non siamo noi stessi né quando soffriamo troppo né quando troppo godiamo.

*

I grandi amori vanno mitigati dai piccoli adulteri.

*

Talvolta è più facile conoscere gli altri che noi stessi, e ciò perché l'uomo ha vizi, virtù, eroismi, viltà che si vedono meglio dal di fuori. Questo vale soprattutto per gli eccessi: l'avarizia, ad esempio, e il suo opposto, la prodigalità.

*

La morte ci fa rinunciare a quello che la vita non ci avrebbe comunque mai dato.

*

Ci sono donne che vogliono esser conquistate solo dalle finzioni.

*

La prudenza è paura ben calcolata e meglio camuffata.

*

Ho più rughe sul cuore che sulla fronte.

*

Vorrei far del bene, ma il timore di non esser ricambiato me lo impedisce.

*

Quanto tempo ho perduto nel cercar di recuperare il tempo perduto.

*

Meglio la morte che stronca di quella che intrattiene.

*

Quanti pregiudizi nella virtù di tante donne.

*

Spesso l'altruismo non è che impulsività.

*

Il passato mi viene incontro e il futuro mi volge le spalle.

*

I grandi uomini è meglio amarli che conoscerli.

*

Il sole pallido ha bisogno di un po' di sole.

*

La morte degli altri tanto più ci sgomenta quanto più ci fa pensare alla nostra.

*

Ci si bacia ad occhi chiusi forse anche per non ridere.

*

Quando le cose vanno male, ci lamentiamo. Quando vanno peggio, vorremmo che fossero andate male.

*

Il pacifismo è la pace in armi.

*

Il masochista non si cura per paura di star meglio.

*

Il pudore è la meno ipocrita delle ipocrisie.

*

La seconda età ci toglie l'entusiasmo della prima e non ci dà la rassegnazione della terza.

*

L'istinto ci fa intuire subito quello che l'intelligenza ci fa capire col tempo.

*

Per alcuni la giustizia non dovrebbe essere altro che il riconoscimento dei propri privilegi.

*

La fortuna dell'analfabeta è ignorare cose che forse è meglio non sapere.

*

Se l'uomo potesse vedere il proprio inconscio, non esiterebbe a denunciarlo.

*

Ciò che più mi fa arrabbiare è che mi arrabbio.

*

La felicità dura poco anche per non distrarre l'uomo dalla sofferenza, senza la quale non progredirebbe.

*

Chi per abitudine arriva tardi a un appuntamento, tarderebbe anche se voi, sempre puntuali, arrivaste per caso in ritardo.

*

Il vero ozio dev'essere una scelta.

*

La vita è una corsa a ostacoli di cui nessuno vorrebbe tagliare l'ultimo traguardo.

*

Una donna giovane e bella si corteggia anche se non ci concede i suoi favori. Una bella e matura, solo se ce li ha già concessi.

*

Sono una via di mezzo fra il salice e la quercia.

*

La malinconia è fatta di ricordi; la tristezza, di rimpianti; l'angoscia, di rimorsi.

*

Un uomo che piange o è veramente grande o è irrimediabilmente piccolo.

*

Più che princìpi, il politico deve avere intuizioni.

*

La morte non guarda in faccia nessuno, anche perché nessuno riesce a guardare in faccia lei.

*

Quando una donna chiede di essere capita, in realtà chiede di essere amata.

*

Il rimpianto è nostalgia del passato; il rimorso, paura.

*

Ci sono favori che preferisco fare piuttosto che chiedere.

*

Talvolta, anche la morte può far sognare.

*

I dolori ci fanno vivere più dei piaceri.

*

Se lo stupido si rendesse conto di essere stupido, sarebbe un po' meno stupido.

*

La donna che vuol essere di un solo uomo, vuole in realtà che quest'uomo sia solo suo.

*

Se Dio ci ha fatti così, significa che non poteva farci migliori.

*

Il binario morto aspetta di essere sepolto.

*

Il rovo alla siepe: "Mi passi il pettine?"

*

L'amore è il più calcolatore dei sentimenti. Non corrisposto, si trasforma in odio.

*

Ci sono menzogne che semplificano la vita così come ci sono verità che la complicano.

*

È più facile pensare alla morte con sollievo che con indifferenza.

*

I veri atei sono coloro che credono in Dio per abitudine.

*

Le avversità ci inducono a fare cose che la buona fortuna non ci avrebbe mai consentito.

*

Ci sono donne che ci respingono non perché non ci desiderano, ma perché ci desiderano troppo.

*

Non riesco a immaginare l'uomo con tre mani. Ma se Dio gliele avesse date, non avrei saputo immaginarlo con due.

*

Le lapidi, perfettamente allineate, attendono invano il "rompete le righe".

*

La politica è l'arte di chiedere al cittadino il nullaosta a infischiarsi di lui.

*

È facile pentirsi dei propri peccati quando non si ha più voglia di commetterli.

*

Come nuotano bene le onde.

*

È difficile essere amici di chi è migliore di noi. Chi è migliore di noi, infatti, suscita invidia. Sentimento che esclude la vera amicizia.

*

Tutto è possibile. Finché è possibile.

*

La vita è un grande uovo di Pasqua con una brutta sorpresa: la morte.

*

La parola patria è retorica solo in bocca a chi non sa pronunciarla.

*

Quando amiamo una donna non chiediamo che di crederle. Anche se mente. Anzi, soprattutto se mente.

*

"A tutto c'è rimedio." Non è vero.

*

L'uomo cerca la felicità, ma quando la trova non la riconosce.

*

Quanto vale la vita, che non vale nulla.

*

Ci sono donne che alla richiesta preferiscono l'estorsione.

*

Tutti vogliono esser capiti, ma pochi sanno farsi capire.

*

I precursori sono sempre antipatici.

*

C'è chi fa il bene per bontà, chi per abitudine, chi per sbaglio.

*

Il progresso è non di rado civiltà senz'anima.

*

Il pudore è un velo che dà piacere solo quando lo si squarcia.

*

La memoria di una donna innamorata è spaventosa. Ricorda tutto quello che voi avete dimenticato.

*

I bambini non sono migliori degli adulti: hanno solo meno esperienza.

*

Per guardare le cose dall'alto bisogna star in alto.

*

Il dolore fortifica i forti. Purché non duri troppo a lungo.

*

I colpi di testa non si fanno mai con la testa.

*

La donna dovrebbe civettare solo con chi potrebbe innamorarsi di lei.

*

Si pensa al peggio anche per scaramanzia.

*

Spesso la rassegnazione non è che impotenza.

*

Il dolore è il grande carburante dell'anima.

*

La musica è una breccia nell'eternità.

*

Solo il cielo stellato mi fa temere meno la morte.

*

Il valore di una donna che amiamo non lo stabiliscono i suoi meriti, ma l'intensità della nostra passione.

*

Mi sento importante, ma nessuno se ne accorge.

*

Amiamo poco gli altri anche perché poco lo meritano.

*

Per essere veramente efficaci, le persecuzioni devono accreditarsi come crociate.

*

E se Dio avesse dato all'uomo la vita solo per insegnargli a morire?

*

Quanti uomini giusti con il cuore di pietra.

*

Uccide l'amore più la noia che il tormento.

*

Per sentire e conoscere quel che abbiamo dentro, dobbiamo soffrire. Senza dolore la vita sarebbe stupida, anche se troppo dolore può renderla insopportabile.

*

"Memento audere semper", ricordati di osare sempre. Non esageriamo.

*

L'uomo ama la donna; la donna, il matrimonio.

*

Il maggior piacere che ci procura l'amicizia è quello di farci sentire indefettibilmente leali.

*

La donna infedele nega meglio i suoi tradimenti – ed è creduta – di quella fedele ingiustamente accusata.

*

Dio ci ha dato la vita senza interpellarci. Perché dovrebbe farlo prima di togliercela?

*

I matrimoni riusciti si fondano più sulle bugie ben dette che sulle reciproche fedeltà.

*

Ci si ama meno quando si è troppo sicuri di amarsi.

*

L'uomo è impaziente anche perché è mortale.

*

La vendetta – si dice – è un piatto da servire freddo. Purché poi si abbia ancora appetito.

*

I favori vanno chiesti a tutte le donne, sperando che qualcuna ce li rifiuti.

*

L'eternità è lunga e, per ingannare la noia, ogni tanto l'uomo rinasce.

*

Accettare se stessi è saggezza; accettare gli altri può anche essere menefreghismo.

*

Chi non si contraddice mai, non vive. Chi si contraddice troppo, vivacchia.

*

Il vento fa tremare le foglie, ma i brividi li sento io.

*

Le donne si dividono in quelle che ci stanno, in quelle che non ci stanno, in quelle che ci stanno e non vorrebbero starci, in quelle che non ci stanno e vorrebbero starci.

*

Chi è sempre se stesso, o è un uomo di carattere o è un uomo senza fantasia.

*

Una bella donna può chiederci tutto. Purché, poi, si sdebiti.

*

Mi piace vivere in campagna, ma più ancora mi piace desiderarlo.

*

Ho commesso troppi errori per poterli riconoscere tutti.

*

Il giorno del giudizio, chissà quanti morti si daranno malati.

*

La vita è un'avventura con un inizio deciso da altri, una fine non voluta da noi, e tanti intermezzi scelti a caso dal Caso.

*

Gli idealisti fanno la guerra perché vogliono la pace.

*

Checché dicano le religioni, i peccati commessi sulla terra l'uomo li sconta sulla terra.

*

Meglio sposarsi per calcolo che per amore: è più facile, infatti, che passi questo anziché quello.

*

Più che la nostra felicità, Dio è la nostra moralità.

*

Invidiamo più il successo meritato di quello immeritato perché invidiamo più le qualità che la fortuna.

*

Solo la morte, in fondo, è disinteressata.

*

Se fra un secolo ci si ricordasse di me, a me che ne verrebbe?

*

L'ideale dell'italiano è il voto segreto.

*

Il potere gonfia l'uomo, non lo nutre.

*

Che *routine* l'eternità!

*

La fama è la popolarità tramandata ai posteri.

*

Il potere non guarda in alto: guarda davanti. Non viene da Dio: è contro Dio.

*

È più facile che sia furbo un cretino che un intelligente.

*

Non si gode mai abbastanza quando si gode troppo.

*

Dimenticherò solo le donne che non ho conosciuto.

*

Il giovane non sa ciò che vuole, ma ciò che vorrebbe volere.

*

Mi sento bene solo quando me lo dice il medico.

*

Il cimitero: l'iniquo canone.

*

L'idealista crede che tutto sia possibile perché, in fondo, non conosce nulla.

*

L'esperienza è il riconoscimento tardivo dei propri errori.

*

Vorrei essere un altro per aver il piacere di ammirarmi.

*

Quanta rassegnazione nella saggezza.

*

Se l'amore fosse disinteressato, non sarebbe più amore.

*

Chi parla bene di tutti non riscuote, in fondo, la stima di alcuno.

*

La natura è un'offerta della terra al cielo. E del cielo alla terra.

*

La rosa appassita conta le sue rughe.

*

Ci sono donne che fingono di godere e donne che godono quando fingono.

*

Il finito mi sgomenta non meno dell'infinito.

*

Le illusioni aiutano a vivere finché si è giovani.

*

L'educazione consiste nel far piacere agli altri. Per questo è così rara.

*

La morte, in fondo, è una tragedia solo per chi muore.

*

A volte, nella fede in Dio c'è solo sfiducia in se stessi.

*

Gli altri ci sono indifferenti finché non ci diventano utili.

*

I padri della patria non lasciano mai figli.

*

Il colmo dell'infelicità è esser felici senza saperlo.

*

Com'è difficile dimostrare a una donna che ancora ci ama che noi non l'amiamo più.

*

Se non dice ciò che pensa è solo perché non pensa.

*

È più facile che una donna ci porti al sentimento attraverso i sensi che ai sensi attraverso il sentimento.

*

In politica, per esser presi sul serio, non bisogna necessariamente fare sul serio.

*

La solitudine è la dannazione dei fatui.

*

Il cinico non crede in niente; lo scettico vorrebbe.

*

Quello che ho in testa, non so; ma so quello che mi manca.

*

Il piacere che ci dà il peccato ci consola delle sofferenze che ci procura la virtù.

*

Per il sogno, sogno è la realtà.

*

"Aiutati che il ciel t'aiuta." Ma il cielo è troppo grande per accorgersi di noi.

*

La donna ama l'uomo. L'uomo, anche la donna.

*

È difficile essere se stessi quando si è troppo sicuri di sé.

*

Il geloso diffida della verità con la stessa facilità con cui crede alle menzogne.

*

Sarò un uomo soltanto quando la morte non mi farà più paura.

*

Se veramente Dio è in noi, quanto spirito d'adattamento deve avere.

*

Quando una donna dice di non amarci più, è sempre meglio crederle.

*

Premi letterari: non basta meritarli, bisogna anche vincerli.

*

Chi proclama che tutti sono uguali, non si sente uguale a nessuno.

*

Immaginare l'eternità è comunque una gran perdita di tempo.

*

La donna che cerchiamo si trova sempre in quella successiva.

*

Forse, solo il pazzo è veramente libero.

*

L'uomo è un segmento immortale d'infinito.

*

La disciplina, sferzandole, educa le abitudini.

*

La vocazione più sospetta è quella alla fedeltà coniugale.

*

La vita – diceva Voltaire – non è né bella né brutta: è così. Come forse la morte.

*

Mai contare sugli altri. E mai troppo su se stessi.

*

Ho poche certezze. E nessuna incrollabile.

*

Nessun uomo può immaginare quel che una donna innamorata è disposta a fare per lui. Il bello è che non lo immagina nemmeno lei.

*

Non mi pentirò mai abbastanza dei peccati non commessi.

*

Risalire la china è tanto più difficile quanto più rapidamente la si è discesa.

*

Ciò che rende grande un uomo non è il successo né il denaro né il potere: è l'umile accettazione del dolore.

*

La presunzione dei falliti è sconfinata.

*

Il tempo sarà anche galantuomo, ma l'età non è certo una gentildonna.

*

È quando non capiamo più noi stessi che chiediamo agli altri di capirci.

*

La riconoscenza è scomoda perché è ammissione di un pregresso bisogno.

*

Ad ingannarci sono più le donne che amiamo di quelle che desideriamo.

*

Ci vuole un bel coraggio, in certi momenti, ad essere se stessi.

*

Non si stancano gli alberi a non sedersi mai?

*

L'amore nasce per caso. E per caso muore.

*

Che la felicità è fatta di piccole cose lo dice chi possiede le grandi.

*

Ma vale davvero la pena esser migliori di come siamo?

*

I piccoli cimiteri rendono la morte piccola.

*

Chi sogna a occhi aperti, quando li chiude, che fa?

*

La moglie è più facile adorarla che amarla.

*

Dio sarebbe ben poca cosa se a offenderlo bastassero i nostri atti impuri.

*

"La miglior vendetta è il perdono." Ma solo per chi ha dimenticato il torto subito.

*

A farci amare la vita che Dio ci ha dato sono soprattutto i peccati che i suoi rappresentanti in terra condannano.

*

Quel che chiediamo a Dio lo chiediamo a noi stessi.

*

Si pensa al peggio con sgomento, ma anche con sadica voluttà.

*

Niente intimidisce più del successo.

*

Fermare la giovinezza. E poi?

*

Pensiamo a Dio pensando che Dio pensi a noi.

*

A guardar troppo avanti si rischia di perdersi di vista.

*

La sofferenza altrui può renderci ancora più egoisti.

*

L'amore è la negazione della libertà individuale: a chi ama piace esser schiavo di chi lo ama.

*

A render illustre un uomo, in fondo basta un monumento.

*

Nell'adulazione c'è sempre calcolo, condito, nel migliore dei casi, d'ipocrisia; nel peggiore, di disprezzo.

*

Ci sono donne che ci resistono solo perché vogliono che noi insistiamo.

*

L'amore è un fuoco che tanto prima si spegne quanto più furiosamente è divampato.

*

La vita: due treni che s'incrociano; la morte: due treni che si scontrano.

*

L'uomo, in fondo, non vuol essere uguale neppure a se stesso.

*

Mi accorgo che invecchio solo quando vedo gli altri invecchiare.

*

Se Dio non esistesse, non ci chiederemmo tanto ansiosamente se esiste.

*

Chi dubita di tutto, forse ha capito tutto.

*

Il fiume, accaldato, si tuffa nel mare.

*

Si è amici soprattutto di chi non ha bisogno di noi.

*

I falsi scrupoli impediscono di far bene il male.

*

Non si può non desiderare una donna che si ama; ma si può non amare una donna che si desidera.

*

L'uomo che sa stare solo non è mai solo.

*

Anche l'eccesso di felicità fa soffrire.

*

Non sarò mai in pace con me stesso perché la pace, in fondo, isterilisce.

*

C'è chi perdona per magnanimità, chi per infingardaggine, chi per tornaconto.

*

Il passato è passato. Ma resta.

*

Una donna, a vent'anni, può anche negarsi per timidezza o inesperienza; a trenta, solo per calcolo o frigidità.

*

Nulla dà all'uomo più coraggio del timore di Dio.

*

È più facile esser giusti con gli altri che con noi stessi perché è più facile trovare attenuanti per noi che per gli altri.

*

Lo scettico vede; l'entusiasta sogna.

*

I vecchi conosceranno la vita, ma i giovani se la godono.

*

Le donne che ci resistono sono sempre un po' stupide. È la presunzione del maschio.

*

A pentirsi c'è sempre tempo. A peccare, no.

*

Solo gli amori irrealizzati sono eterni.

*

L'uomo invecchia più per gli altri che per se stesso.

*

A guardar avanti si soffre meno e si fa di più.

*

Ricordiamoci di chi si dimentica di noi.

*

Il grande limite dell'uomo è l'illusione che nel cosmo ci sia posto solo per lui.

*

Il bene che facciamo lo ritroveremo nell'aldiqua. Nell'aldilà, tutt'al più, ritireremo la quietanza.

*

"C'è disordine e disordine" lo dicono solo i disordinati.

*

Se soffrissimo di più, la morte ci farebbe meno paura.

*

In ogni moralista sonnecchia il persecutore.

*

Le possibilità dell'uomo sono infinite. Come infiniti sono i suoi limiti.

*

Lo sdegno è rivolta della coscienza; la rabbia, dell'istinto.

*

La prima vittima del matrimonio è la fantasia.

*

La verità deve comunque farci anche un po' comodo.

*

Ci sono due tipi di fessi: quello che parla troppo e quello che preferisce tacere. Il primo non dice nulla; il secondo non ha nulla da dire. Meglio questo.

*

Se fossi più serio, non mi prenderei più sul serio.

*

L'impazienza è un istinto; la pazienza, anche un calcolo.

*

Niente è più opinabile dell'onore altrui.

*

Ricchi è meglio diventare che nascere perché la ricchezza accumulata dura più a lungo di quella ereditata.

*

Se l'uomo fosse immortale, forse sognerebbe la morte.

*

I sacrifici li facciamo volentieri purché chi ne trae beneficio sappia che sono tali.

*

Chiedendoci troppo, certe donne si privano di quel molto che volentieri avremmo dato loro.

*

Se fossi un altro, vorrei essere un altro ancora.

*

Il meglio di me lo scopriranno i posteri. Se ne avrò.

*

L'uomo preferisce più amarsi che conoscersi.

*

La realtà è sempre meglio guardarla di profilo.

*

Delle proprie vittime il moralista odia più le virtù che i vizi.

*

L'amore è fatto anche di equivoci, di cui ci si accorge solo quando finisce.

*

La tenerezza è un trasporto intriso di malinconia.

*

Mai fidarsi di chi, con troppa insistenza, chiede la vostra fiducia.

*

Le buone azioni sono buone quando le riceviamo; ottime, quando le facciamo.

*

Se i giovani sapessero quel che vogliono, non sarebbero più giovani.

*

Poniamoci pure tante domande, ma evitiamo di dare risposte definitive.

*

La donna cede quasi sempre con premeditazione.

*

Il problema non è se Dio esista o no. Il problema è se la morte sia o non sia la fine di tutto.

*

Le pretese delle donne le stabiliscono le debolezze degli uomini.

*

Il matrimonio è una prigione ma anche una fortezza: ci toglie la libertà, ma ci garantisce l'incolumità.

*

A Dio, in fondo, chiediamo solo che ci faccia in qualche modo rinascere.

*

Non sarò mai felice, e non me ne importa. Non sarò mai sereno, e questo mi fa soffrire.

*

Anche la quiete può dare inquietudine. Per timore che passi.

*

Le vecchie lettere d'amore si possono anche rileggere, ma guai a rivedere chi ce le scrisse.

*

Restituire un prestito non è meno imbarazzante che chiederlo.

*

Gli innamorati non si fanno mai domande stupide. Per loro.

*

Vorrei essere quel che sono, ma migliore di come sono.

*

Se l'uomo non fosse un mistero, la vita sarebbe una gran barba.

*

Le donne che ci amano per quello che siamo hanno poca fantasia.

*

Riconosciamo i nostri errori anche per evitare che gli altri li riconoscano prima di noi.

*

I giovani sbagliano perché devono sbagliare. Gli adulti perché lo vogliono.

*

Una donna sposata dovrebbe saper dire di no solo al marito.

*

Perché diamo tanta importanza alla morte quando quella altrui la dimentichiamo così in fretta?

*

La vanità corrompe l'uomo più del denaro perché l'uomo ama più se stesso che la ricchezza.

*

Quanto penso! E nessuno se ne accorge.

*

Struggersi pensando all'aldilà è inutile come ribellarsi all'aldiqua.

*

Per sentirsi male basta volerlo.

*

Il mediocre diligente sembra ancora più mediocre.

*

C'è chi, non avendo nulla da dire, si consola parlando di tutto.

*

L'amore è fatto di slanci; la passione, di assalti.

*

Le banalità aiutano a vivere.

*

Dio non ha fatto l'uomo né buono né cattivo. L'ha fatto come gli è venuto. Maluccio.

*

Ponendoci troppe domande, ci condanniamo a soffrire.

*

Le nuvole: scendiletto del cielo.

*

L'amore finisce: un amante si dispera, l'altro ha già dimenticato.

*

E se anche l'immortalità fosse un abisso?

*

I consigli altrui, per quanto disinteressati, non ci fanno mai piacere.

*

La virtù preferiamo ammirarla che imitarla.

*

Il progressista crede cecamente nel futuro, il conservatore criticamente.

*

C'è un solo modo d'amare: troppo.

*

Il pessimismo non ci dà la felicità, ma almeno ci evita illusioni.

*

A pensar bene degli altri ci pensino gli altri.

*

Tutto è relativo. Ma io vorrei esser assoluto.

*

La sfiducia negli uomini mi fa temere meno la morte.

*

Più che scienza – come diceva Balzac – il matrimonio è incoscienza.

*

Arcobaleno: il sole, dopo essersi fatto la doccia, si trucca.

*

L'eleganza si vede; la classe si sente.

*

Se Dio avesse fatto gli uomini tutti uguali, li avrebbe resi certamente più infelici.

*

La ricchezza senza potere è come una donna senza sesso.

*

Non basta esser ricchi; bisogna anche saper arricchire.

*

Lo snobismo è l'enfasi ben camuffata della propria insicurezza.

*

La sfortuna è il grande alibi dei falliti.

*

La fede è fatta di dubbi che non tolgono la speranza.

*

Gli stupidi hanno risorse inesauribili.

*

Solo chi crede in se stesso può concedersi il lusso di credere negli altri.

*

Neppure noi siamo in grado di stabilire fino a che punto siamo sinceri.

*

L'uomo ha ottimi motivi per essere scontento.

*

È facile arrivare in ritardo a un appuntamento, ma è più difficile arrivare puntuali che in anticipo.

*

Solo chi ci adula può capirci.

*

Più che essere libero, l'uomo ama proclamarsi tale.

*

Nebbia: il volubile *négligé* della natura.

*

Il villaggio, affondato nel verde, lancia un muto SOS.

*

La miglior qualità di tanta gente è il buon uso che sa fare dei propri difetti.

*

Cerco Dio più per amarlo che per conoscerlo.

*

Spesso il peccato altro non è che un piacere dichiarato illecito dal pregiudizio.

*

La notte, le stelle non riescono a chiudere occhio.

*

L'invidioso soffre non perché vorrebbe avere le virtù e le qualità di chi invidia, ma perché un altro le possiede.

*

Sorridere di se stessi aiuta a conoscersi meglio.

*

Ciò che rende forte il piacere è la debolezza della carne.

*

Il mio capolavoro lo scriverà un altro.

*

Quasi sempre gli ideali contraddicono le passioni.

*

È più difficile dire di no agli altri che a noi stessi.

*

Il buio ci fa paura anche se ci protegge più della luce.

*

Se la ricchezza non ci dà la felicità, ci fa sopportare meglio l'infelicità.

*

Le donne frigide preferiscono esser adulate che desiderate.

*

Anche se Dio è gioia infinita, l'uomo crede in Lui più quando soffre che quando gode.

*

L'insoddisfazione dell'uomo nasce dalla sua imperfezione.

*

Il saccente è un saputo che si dà le arie di sapiente.

*

La speranza sarà l'ultima a morire, ma alla fine muore anch'essa.

*

Chi crede a certi miracoli può credere a tutto.

*

In fondo non mi dispiacerebbe se, morto io, l'intera umanità si estinguesse.

*

Nessuno è più stupido dello stupido il quale crede che lo stupido siate voi.

*

Riconosciamo i nostri errori anche per poterli ricommettere.

*

Il potere rende schiavo chi lo esercita non meno di chi lo subisce.

*

Le donne che meno chiedono sono quelle che più ottengono.

*

Il gran libro dell'universo è stampato dentro ciascuno di noi.

*

Per spendere bene il denaro bisogna averne poco.

*

Non ho ancora capito se sto invecchiando o se sono già vecchio.

*

Se arriverò lontano, sarò sempre più solo.

*

Mi è più facile riconciliarmi con Dio che con gli uomini.

*

Alle donne ormai chiedo solo di non chiedermi nulla e di perdonarmi tutto.

*

Se Dio non fosse dentro di noi, non penseremmo tanto a Lui.

*

Giochiamo con la vita o la vita gioca con noi?

*

Non di rado gl'ideali sono interessi ben simulati.

*

È la pace a tutti i costi che sovente scatena la guerra.

*

Tutto sommato, meglio che l'aldilà sia un mistero che una certezza.

*

Il nostro dolore c'insegna a soffrire; quello altrui, a capire.

*

Vorrei godere delle piccole cose. Ma quali sono le piccole cose?

*

Perde il pudore solo chi non l'ha mai avuto.

*

Mai fidarsi di chi si fida di tutti.

*

Non sono le nuvole a ingrigire il cielo, ma il nostro stato d'animo.

*

I giovani credono in quello che, adulti, lasceranno credere.

*

Sono per l'adulterio temperato dalle buone intenzioni.

*

La vita è stupida, ma non abbastanza per preferirle una morte eroica.

*

La storia la fanno soprattutto le sue manipolazioni.

*

Per esser amato, Dio ha bisogno di non esser capito.

*

L'uomo non potrà mai essere buono perché non potrà mai essere disinteressato.

*

Quando si parlano d'amore, solo gli innamorati trovano interessante quel che si dicono.

*

Provvidenza è il nome che diamo a Dio quando si ricorda di noi.

*

La comicità ci fa vedere il ridicolo. L'umorismo ce lo fa capire.

*

Il vecchio è un bambino che, invece di crescere, diventa ancora più bambino.

*

È facile ridere degli altri, ma di noi stessi sappiamo a malapena sorridere.

*

La verità: se ce ne fosse una sola, l'uomo l'avrebbe già trovata.

*

La più piccola passione trionfa sul più grande interesse.

*

La prudenza aiuta i saggi e i mediocri.

*

Preghiamo Dio anche perché temiamo che esista.

*

Bambino, non avrei mai pensato di dire un giorno: "Quand'ero bambino."

*

I giovani prima vogliono sognare, poi capire.

*

Le pietre vanno messe non solo sul passato, ma anche sul futuro.

*

E se nessuno fosse mai risuscitato perché sta bene dov'è?

*

Anche se non esiste, Dio c'è.

*

Solo la sofferenza aiuta l'uomo ad essere se stesso.

*

Nel cuore di chi ci sta di fronte guardiamo non solo con i nostri occhi, ma anche con i suoi.

*

Più che il passato e il presente, le donne dovrebbero perdonarci il futuro.

*

Se l'uomo sapesse perché soffre, forse non si ribellerebbe al dolore.

*

La vita è una lotta con tregue che ce la rendono più piacevole ma meno eroica.

*

Pensando al passato, rimpiangiamo non le cose che facemmo, ma l'età in cui le facemmo.

*

Quando in amore si ricomincia, vuol dire che è davvero finita.

*

Vorrei pensare all'ora della morte come penso a quella di cena.

*

Più che la felicità, negli altri invidiamo l'intelligenza, lo spirito, il successo.

*

Talvolta bisogna non solo saper soffrire, ma anche volerlo.

*

Lottiamo sempre. Soprattutto contro noi stessi.

*

Il pazzo, a differenza dello sciocco, non è mai meschino.

*

Le abitudini sono le armi quotidiane del nostro spirito di conservazione.

*

Per il verme, è verme chi non striscia.

*

Per purificarsi è necessario bruciarsi.

*

Più che infedeltà, l'adulterio è curiosità.

*

Le donne ci chiedono soprattutto quel che non vorremmo dar loro.

*

Dice cose così profonde che gli vengono le vertigini.

*

La vita: l'uomo spinge un macigno finché non precipita con esso nel buio cosmico.

*

L'uomo mente sapendo di mentire. La donna, dubitandone.

*

Sarei più buono se non temessi di diventarlo troppo.

*

Quando una donna mi guarda, mi chiedo come in quel momento la guarderebbe suo marito.

*

La fortuna va da chi la cerca, non da chi l'aspetta.

*

Chi ama la libertà non può amare l'uguaglianza, perché l'uomo libero non vuole sentirsi uguale a nessuno.

*

Benedico il passato che mi ha fatto godere non meno di quello che mi ha fatto soffrire.

*

Nessuno ammetterà mai d'avere più ricevuto che fatto il bene.

*

Molti moralisti condannano ciò che avrebbero desiderato fare ma che, per mancanza di occasioni o di coraggio, non hanno fatto.

*

Se l'uomo non fosse cacciatore, cacciatrice sarebbe la donna.

*

Il peccato è l'uomo; il pentimento, Dio.

*

Il mal di testa mi ricorda che ho una testa.

*

Solo l'inquietudine, che può ucciderlo, alimenta l'amore.

*

Non c'è vera giustizia senza rigore, ma non c'è grande giustizia senza carità.

*

Una donna, più è bella, più è di tutti. Cioè, di nessuno.

*

Sarebbe un buon scrittore se riuscisse a dimostrarlo.

*

La pazienza è la miglior alleata dell'ambizione.

*

La notte è il giorno che ha preso il lutto per la scomparsa del sole.

*

Dio ha reso l'uomo imperfetto anche per evitare che s'annoiasse.

*

Non si può amare il potere senza un po' disprezzare coloro sui quali lo si esercita.

*

C'è un sottile piacere nel far soffrire una donna che ci ama, e che noi non amiamo.

*

È più il cielo a darmi l'idea dell'infinito che la morte quella dell'eternità.

*

La donna preferisce esser creduta più quando dice una bugia che una verità.

*

Non confidiamo tutto nemmeno a noi stessi.

*

Sono così conosciuto che molti, per invidia, fingono di non riconoscermi.

*

I miei conti non tornano quasi mai e, quando tornano, temo sempre d'averli sbagliati.

*

Se vuoi sentirti qualcuno, considera gli altri nessuno.

*

Più conosciamo noi stessi, più conosciamo Dio.

*

La virtù non scossa dall'immaginazione è insopportabile.

*

Diffidate di chi mostra di fidarsi troppo di voi: o è uno sciocco o è un calcolatore.

*

La fede nasce dalla ragione che dubita di se stessa.

*

Possiamo amare una persona viziosa, ma siamo veramente amici solo di chi ha le nostre virtù.

*

Chi sa troppe cose, o le sa male o le sa con pedanteria.

*

In politica e in amore la sincerità è segno di debolezza.

*

Più che garantire la fedeltà, la gelosia, incoraggiando l'ipocrisia, garantisce il tradimento.

*

Non c'è amore senza umiltà, come non c'è odio senza orgoglio.

*

La differenza tra chi vive e chi si lascia vivere è che il primo morirà, il secondo è già morto.

*

Nella troppa felicità c'è sempre un po' d'infelicità.

*

Mai mettere alla prova chi dice che "l'onore vale più della vita".

*

Vorrei che tutte le donne che, non riamate, mi amano, avessero una cattiva opinione di me.

*

La guerra, che uccide milioni di uomini e distrugge intere città, è la cosa più naturale del mondo. Ma lo scippo che ci priva di diecimila lire è un reato.

*

In amore, chi non dubita e non teme, non ama.

*

La vita senza dubbi sarebbe un inferno o un limbo. La sua condizione ideale è il purgatorio.

*

Cerco gli altri per paura di trovare me stesso.

*

L'immortalità dell'anima non mi turba meno del suo annientamento.

*

Qualcuno che crede in noi, in fondo, c'è sempre.

*

Dio ha bisogno del diavolo, che lo rende ancora più Dio.

*

Solo chi accetta la morte può dire di aver vissuto.

*

Se penso che Oscar Wilde e Jules Renard morirono a quarantasei anni, mi vergogno d'esser ancora vivo.

*

L'ambizione guarda troppo avanti e troppo poco indietro.

*

Per imporsi, la sincerità dev'essere un po' arrogante.

*

Ci sono donne così sciocche, o così ingenue, che quando tu dici loro che non le ami, ti chiedono se le ami.

*

A volte, soffriamo con la stessa voluttà con cui godiamo.

*

Nulla in natura è imperfetto. Imperfetto è solo il nostro modo di guardarla.

*

L'amore non si discute: si dimostra.

*

Non piangiamo i morti, ma le comuni abitudini perdute.

*

Sii più indulgente con gli altri che con te stesso.

*

È peggio abdicare a un principio che a un trono.

*

Amo la vita, ma se penso che un giorno la perderò, la odio.

*

Il conservatore crede in quello che è; il progressista in quello che vorrebbe essere.

*

Nessuno m'infastidisce più dell'imbecille che cerca di ragionare.

*

È dall'estrema disperazione che nascono le grandi speranze.

*

La donna ha tanti modi per farsi notare da un uomo, ma il più efficace è notarlo per prima.

*

Più che dai nostri meriti e dalle nostre virtù, la nostra reputazione dipende dal timore che incutiamo in chi deve stabilirla.

*

La società è la vera nemica della mia socievolezza, che la solitudine alimenta.

*

Cosa c'importa di sapere ciò che Dio è quando sappiamo ciò che ha fatto?

*

Quando ho bisogno di me stesso, non mi trovo mai.

*

La morte è la vita che cambia nome e indirizzo.

*

Non è nessuno ma, credendosi tutto, riesce a sembrare qualcuno.

*

Molte promesse non le manteniamo solo perché le dimentichiamo.

*

La passione è amore in stato d'ebbrezza.

*

È vero che l'amore platonico sublima i sensi, ma di quante estasi ci priva.

*

La felicità consiste nel bastare a se stessi. E possibilmente, ma non necessariamente, agli altri.

*

Chi ama è geloso del presente non meno che del passato e del futuro.

*

Lo sciovinismo sta al nazionalismo come questo al patriottismo.

*

L'amore accieca facendo vedere a chi lo prova cose che altrimenti non vedrebbe mai.

*

La morte è l'ultimo capitolo di questa vita e, forse, il primo di un'altra che ci è ignota.

*

Quanta ingiustizia nel mondo, e quanta armonia. Come conciliarle?

*

Ci sono donne che vendono ciò che dovrebbero donare e altre che donano ciò che potrebbero vendere. Le prime sono delle puttane; le seconde, delle sentimentali.

*

Chi dice che l'amore è eterno, o non conosce l'amore o non sa cos'è l'eternità.

*

"Beati i poveri di spirito." Così sarà più apprezzato il nostro.

*

La vita è niente, ma la morte è ancora meno.

*

Vogliamo esser simpatici più per piacere a noi che agli altri.

*

Pur se inconsciamente, serberemo sempre rancore a una donna che, prima di concedersi, ci aveva resistito. È l'orgoglio.

*

Il sogno è la risposta della fantasia alle banalità del reale.

*

La moda è l'effimero omaggio dell'eleganza al proprio tempo.

*

Il fatto che c'è sempre qualcuno che sta peggio di noi dovrebbe consolarci del fatto che c'è sempre qualcuno che sta meglio.

*

Di una donna che non amiamo più, e che più non ci ama, dimentichiamo perfino che ci ha dimenticati.

*

L'ironia è il sorriso del pessimismo; il sarcasmo, il ghigno.

*

Non si è mai galantuomini per tutti.

*

Un'amicizia non è mai disinteressata perché anche l'altruismo è una forma di calcolo.

*

Quando una donna dice di "sì", è sì subito; quando dice di "no", è sì fra poco.

*

La vecchiaia non ci toglie la paura della morte, ma ci fa amare meno la vita.

*

È nella solitudine che misuriamo fino a che punto siamo noi stessi.

*

Le foglie morte aspettano che il vento le risusciti.

*

L'amore è una malattia che tutti vorrebbero prendere, e dalla quale nessuno vorrebbe guarire.

*

La vita è una clessidra con molte lacrime e qualche goccia di miele.

*

Si giura eterno amore perché, in fondo, si dubita dell'eternità dell'amore stesso.

*

Il moralista o è un immorale frustrato o un amorale travestito; o vorrebbe commettere i peccati che condanna o è ad essi indifferente.

*

L'ambizione ci fa credere migliori di quel che siamo.

*

Ciò che rende virtuosa una donna è quasi sempre la scarsa intraprendenza dell'uomo.

*

Il politico cerca il potere; il grande politico dal potere è cercato.

*

La classe è lo spirito dell'eleganza.

*

La differenza tra l'eroe e il criminale è che l'eroe uccide in guerra, in nome della patria e dei suoi interessi; il criminale, anche in pace, accecato dalle proprie passioni.

*

L'idea è prosa; l'ideale, poesia.

*

Se vuoi esser capito, cerca di capire.

*

Non c'è virtù senza moderazione. Ecco perché è così rara.

*

Libertà: essere se stessi con gli altri senza nuocergli.

*

La lode falsa non fa meno piacere di quella sincera.

*

"Si è giovani una volta sola." Mi pare che basti.

*

La mia coscienza è guerrafondaia.

*

Ci sono donne che riescono a concedersi solo negandosi.

*

Più che certezza, la fede è ricerca di Dio.

*

Non fidatevi mai né di chi vuol apparire migliore di quel che è, né di chi cerca di sembrare peggiore.

*

La vita facile mi fa disprezzare la vita.

*

Niente è più instabile del potere. E più stabile dell'impotenza.

*

Non voglio esser felice per paura di non poterlo essere più.

*

Far il bene è un dovere. Perché aspettarsi ricompense?

*

Per quanto si ami la virtù, non la si amerà mai quanto il vizio.

*

Sono solo, e voglio restarlo. La compagnia di pochi mi distrae, di molti mi frastorna.

*

Quando una donna che non amo mi chiede se la penso, penso subito a un'altra.

*

Mai l'uomo è tanto grande come quando ammette la propria piccolezza.

*

Ciò che rende sacra la vita è il dolore.

*

Gli uomini si riuniscono o per bisogno o per noia o per vanità.

*

Non basta pensare bene. Bisogna anche non essere i soli a pensarlo.

*

Ciò che rende infelice il ricco è che c'è sempre qualcuno più ricco di lui.

*

Bisogna comunque dire la verità. Anche se scomoda. Anzi, soprattutto se scomoda. Si è più creduti.

*

Il tempo manca specialmente a chi sa farne buon uso.

*

Meglio un ideale che cento idee o mille ideologie.

*

Una vera amicizia presuppone una certa lontananza.

*

La vita non ha senso solo per chi non sa dargliene uno.

*

La vera cultura è più intelligenza che erudizione, più spirito che nozioni.

*

La personalità è ciò che siamo; il destino, quel che saremo.

*

Facciamo carriera più con l'intelligenza che con la mediocrità, ma, di solito, più con questa che con quella la consolidiamo. E ciò perché la mediocrità suscita meno invidia.

*

Solo i giovani, in fondo, sanno sognare.

*

Male di noi dovremmo pensarlo solo noi.

*

Se questo Dio non esistesse, ne esisterebbe sicuramente un altro.

*

La vita modifica più il nostro carattere che il nostro temperamento.

*

Nella cortesia, la simulazione diventa una virtù.

*

Una donna assolutamente bella è più facile ammirarla che desiderarla.

*

La maturità è la consapevolezza dei nostri limiti e delle capacità altrui.

*

I costumi cambiano, e anche le leggi. Eppure l'uomo che ispira quelli e detta queste, rimane sempre lo stesso.

*

Se decidiamo di lodarci, lodiamoci molto. L'autolode sommessa rischia di non esser creduta.

*

La differenza tra il grande uomo e il superuomo è che il primo resta tale anche nella disgrazia.

*

Invidiamo non solo chi ha le nostre virtù, ma anche chi ha i nostri vizi.

*

Se certe nostre lodi fossero davvero meritate, preferiremmo non farle.

*

La Fortuna non dà spiegazioni, ma quel che fa, non lo fa mai a caso.

*

Quando una donna parla bene di un'altra è perché la teme, e non vuol darlo a vedere; o perché non la teme, e può quindi concedersi il lusso di mostrarsi generosa.

*

Ciò che più minaccia il potere è il suo eccesso.

*

Nella prima parte della vita cerchiamo di essere felici; nella seconda, di non essere troppo infelici.

*

Ci sono difetti che confessiamo per vanità, e virtù che per vanità preferiamo tacere.

*

Più dello spirito vale il cuore.

*

Se anche fossi migliore di quel che sono, nessuno ci crederebbe.

*

C'è chi al destino si ribella e chi vi soggiace. Solo il primo può sperare di mutarlo o correggerlo.

*

Meglio una coscienza tormentata ma vigile che una coscienza quieta e sorda.

*

L'amore è un mistero. Ma è un mistero anche la sua mancanza.

*

La noia è una malattia che colpisce chi non sa star solo.

*

È difficile essere se stessi anche perché sono gli altri a volerci diversi.

*

Quando ho ragione ma tutti intorno a me dubitano, comincio a temere d'aver torto.

*

Non ho mai fatto una buona azione senza ritrovarmene dieci ottime.

*

Il posto nella società ce lo fissano gli altri, nella natura ce lo assegniamo noi stessi.

*

La tenerezza è fatta di sentimento non meno che di discrezione.

*

È bello piacere agli altri, ma ancora più bello è piacere a noi stessi.

*

Quanto più il popolo si lascia blandire, tanto più chi lo blandisce lo disprezza.

*

La differenza tra il vanitoso e il superbo è che il primo ha bisogno più degli altri che di se stesso.

*

Nell'arte della seduzione, il bacio, più che una necessità, è una comodità.

*

Le democrazie, più degenerano, più blaterano.

*

Agli uomini vogliamo piacere per ambizione; alle donne, per vanità.

*

Solo il ricco può dire che l'essere è più importante dell'avere.

*

Il vuoto interiore lo si riempie soprattutto con la sofferenza.

*

Educando la volontà, educhiamo anche l'intelligenza.

*

L'uomo: fiore appassito all'occhiello di Dio.

*

La vita dà più insegnamenti che gioie.

*

Non avendo antenati, sono costretto a pensare ai posteri.

*

Niente è più pericoloso che essere gelosi delle donne altrui. Potrebbero diventare le nostre.

*

Le apparenze non ingannano più della realtà.

*

L'ansioso, in fondo, teme che non avvenga il peggio.

*

L'ateo nega Dio anche perché non sa rassegnarsi all'idea di non poterlo conoscere.

*

Non sempre chi parla male di noi, lo pensa davvero.

*

Gli uomini preferiscono le bionde. Purché ci stiano.

*

Che il cane sia amico dell'uomo lo dice l'uomo.

*

Buon politico non è chi non commette errori, ma chi riesce a farli dimenticare.

*

Solo un suo simile irragionevole poteva definire l'uomo essere razionale.

*

La ricchezza pesa, la povertà schiaccia.

*

C'è modestia solo senza ambizione.

*

Il devoto ama Dio; il bigotto lo teme.

*

Ci sono avversità senza le quali non ci accorgeremmo mai di possedere certe virtù.

*

Nessuno vi sarà più grato del potente caduto in disgrazia e che avete soccorso.

*

Una sentenza non sofferta sarà sempre una cattiva sentenza.

*

È vero che non abbiamo avuto paura di nascere. Ma è anche vero che non lo sapevamo.

*

La vita in due ha questo di bello: non si è quasi mai in due.

*

Più che dalla certezza del pericolo, l'angoscia nasce dalla sua presunzione.

*

Ci sono uomini resi grandi più dalle circostanze che dai meriti.

*

Non è vero che la donna sia più volubile dell'uomo. È solo più interessata a sembrarlo.

*

Chi dice sempre ciò che pensa, non pensa abbastanza.

*

Senza interessi non si sbandiererebbero tanti ideali.

*

Del presente è difficile godere anche perché passa subito.

*

L'età di una donna è scritta sul suo volto. Ma solo le altre donne la sanno leggere.

*

Il progressismo è la retorica del progresso.

*

Il piacere di spendere il denaro guadagnato col sudore della fronte altrui.

*

Ci si sposa o quando ci si conosce bene o quando non ci si conosce affatto.

*

Il lavoro dev'essere una medicina, non una droga.

*

Mi sento vivo soprattutto quando penso alla morte.

*

Quel che più mi piace in un uomo è il carattere, cioè la volontà perfettamente educata; in una donna, il temperamento, cioè l'istinto sapientemente dosato.

*

L'amore può far a meno della moralità; l'amicizia, no.

*

Quando è solo un capriccio della fantasia, l'infedeltà fisica non è tradimento.

*

L'invidioso non dubita mai delle qualità di chi invidia.

*

Per poter fare assegnamento su noi stessi dobbiamo essere noi stessi.

*

Se l'uomo venisse a conoscere la Verità, non gli resterebbe più nulla da fare.

*

È vero – come dice l'Ecclesiaste – che un amico vale un tesoro, ma è anche vero che i tesori non si trovano mai.

*

Dio si fa capire soprattutto quando pensiamo a lui e non riusciamo a capirlo.

*

La filosofia, più che farci capire la vita, ci fa capire quanto poco essa valga.

*

Le idee non basta averle: bisogna anche svilupparle.

*

Ci occupiamo degli altri soprattutto quando gli altri si preoccupano di noi.

*

La morte è più facile sentirla che pensarla.

*

Ogni reputazione deve qualcosa all'adulazione.

*

Quando finirò di sperare, finirò anche di disperare.

*

Nessuno nasce grande, ma quanti diventano piccoli.

*

La vita è un pendolo fra lo sbadiglio e il pianto, la noia e l'angoscia.

*

Se l'aldilà non esiste, forse è meglio così.

*

Le belle donne, dopo che le abbiamo avute, ci sembrano un po' meno belle.

*

Se Dio non fosse un mistero, l'uomo vivrebbe ancora nella preistoria.

*

Nell'amicizia per chi sta sopra di noi c'è sempre un po' d'invidia; in quella per chi sta sotto, sempre un po' di distacco.

*

Dio ha fatto gli uomini diversi fra loro perché potessero meglio conoscersi.

*

Amo il passato, ma se tornasse non lo amerei più.

*

Nessuna moglie è così affettuosa col proprio marito come quando l'amante la trascura.

*

Per quanti sforzi faccia, non riesco a non credere in Dio.

*

Il successo, tanto più lo paghiamo, quanto meno abbiamo fatto per meritarlo.

*

I nostri intellettuali non sono mai soli.

*

L'amore, quanto più è cieco, tanto meglio sa leggere nei cuori.

*

Il vero potere si esercita da sé.

*

La moda trasforma in bisogni i nostri capricci.

*

Guardo il cielo senza mai perdere di vista la terra.

*

Umiltà: mite e ipocrita maschera dell'orgoglio.

*

Il vizio ha più seguaci della virtù perché dispensa più piaceri.

*

In amicizia, come in amore, i due contraenti non sono mai sullo stesso piano.

*

Chi esercita il potere a fin di bene, prima o poi lo perderà.

*

In Italia, l'unico modo per non farsi capire è chiamare le cose con il loro nome.

*

Il fascino è tanto più irresistibile quanto più chi lo sprigiona è inaccessibile.

*

L'amicizia costa più dell'amore anche perché dura più a lungo.

*

La salute è tutto. Purché ci sia il resto.

*

Non è vero che i bambini siano buoni. È vero che gli adulti vogliono crederlo.

*

Le donne fedeli è più facile rispettarle che amarle.

*

Ci sono cose di cui mai dubiteremmo se non ci fossero dette con tanto sussiego.

*

Ciò che nella natura è raro – un gobbo, per esempio – noi lo consideriamo un errore della medesima. E se invece non fosse che un capriccio?

*

La differenza tra una donna gelosa e una che finge di non esserlo, è che la prima si risparmia molte corna.

*

Si prende talmente sul serio che gli viene da ridere.

*

Dal momento che gli amici si provano nelle avversità, io preferisco non aver amici.

*

Per noi, la nostra felicità non è mai abbastanza. Per gli altri, è sempre troppa.

*

Ammettere i propri limiti è un modo per superarli.

*

Non si scherza sulla morte altrui perché la morte è terribilmente seria. Soprattutto per chi muore.

*

Il merito, da solo, non basta. Bisogna – con l'adulazione, il servilismo, il conformismo – trovare qualcuno disposto a riconoscerlo e premiarlo.

*

L'incorruttibilità dell'anima non ci consola della corruttibilità del corpo.

*

Eternità: il calendario dell'infinito.

*

Non è vero che le donne belle siano più stupide delle brutte; hanno solo meno tempo a disposizione per esercitare la loro intelligenza.

*

L'uomo, quanto più pensa a Dio, tanto meno lo conosce.

*

C'è più amore nell'amicizia che amicizia nell'amore.

*

Il dubbio fa maturare e progredire l'uomo, la certezza lo rende superbo.

*

La fedeltà di nostra moglie è virtù; quella delle mogli altrui, frigidità.

*

L'uomo è curioso, ma ciò che più dovrebbe incuriosirlo – la morte – non lo incuriosisce affatto.

*

Se i segreti sono così spesso e volentieri resi pubblici, vuol dire che il piacere di divulgarli è maggiore di quello di custodirli.

*

La riconoscenza, più ci pesa, più ci spinge all'adulazione.

*

L'amore è una malattia, guariti dalla quale si sta peggio.

*

Ci si pente più spesso del bene che del male fatto.

*

Sono le grandi passioni che ci fanno prendere le grandi decisioni, giuste o sbagliate che siano.

*

Se non dico sempre la verità, è solo per timore di non esser creduto.

*

Se l'uomo fosse immortale, sarebbe davvero più felice?

*

Nessun dolore è grande per chi non lo prova.

*

Non ama comandare solo chi non comanda abbastanza.

*

Il torto che ci fa il singolo è peggiore di quello che ci fa la collettività.

*

La teologia incupisce e raggela l'anima, che la fede illumina e riscalda.

*

Ha una tale opinione di sé che, quando parla di sé, si alza in piedi.

*

L'innamorato non vuol essere libero: è uno schiavo che chiede solo di servire chi ama. A patto che questi gli si sottometta.

*

L'infelicità altrui rende felici più gli invidiosi che i malvagi.

*

"La giustizia è uguale per tutti." Purché abbia un occhio di riguardo per noi.

*

Il cuore è la vendetta del Dio che è in noi sulla ragione che vorrebbe negarlo.

*

Più modesto degli altri, aspetto la mia mezz'ora.

*

Lo sciocco sta all'imbecille come un caffè lungo a uno ristretto.

*

Dandoci la ragione, Dio ci ha fornito lo strumento per dubitare di lui.

*

La presunzione ci fa credere di essere quel che vorremmo essere.

*

L'Italia è sfatta: ora bisogna fare gli italiani.

*

Il buon senso ha un grande alleato nella ragione e un grande nemico nelle passioni.

*

Solo le grandi crisi tracciano le linee del nostro destino.

*

A me, con le donne, piacciono le vie di mezzo.

*

Non cambia mai idea semplicemente perché non ha idee.

*

Non c'è giustizia peggiore di quella che demonizza.

*

La vita. Tante domande e una sola risposta: la morte.

*

È spesso il conformismo dei piccoli a rendere grandi certi uomini.

*

Nessuno è infallibile. Soprattutto chi si ritiene tale.

*

Fingo di credere a una bugia, e chi me la racconta finge di non accorgersene.

*

La fedeltà di una donna può esser un peso anche per chi la ama.

*

Preferiamo fare i doni che piacciono a noi piuttosto che a chi li riceve.

*

Dieci mosche mi danno meno fastidio di una.

*

Non diremmo: "Siamo nelle mani di Dio", se non fossimo in quelle degli uomini.

*

Ciò che più mi piace in una donna è la sua disponibilità a concedermi i suoi favori. In un uomo, la buona opinione che ha di me.

*

Cosa volevo far da piccolo? Il grande.

*

I luoghi comuni sono per gli uomini comuni.

*

C'è musica che ci fa sognare e musica che ci fa dormire; musica che ci fa capire e musica che ci fa sentire.

*

Il moralista non condanna il male perché male. Lo condanna perché non ne trae sufficiente profitto.

*

E se anche la morte fosse passeggera?

*

Dopo dieci anni di matrimonio, la propria moglie è più facile amarla che baciarla.

*

La verità la cerca soprattutto chi sa di non trovarla.

*

Solo un gran saggio può veramente capire un gran pazzo.

*

Per una donna mi butterei anche nel fuoco. Ma dopo di lei.

*

Dio è grande perché ci fa nascere. Ma non è meno grande perché ci fa morire.

*

Se trovassi la verità, fingerei di non riconoscerla.

*

"Dai tempo al tempo." E se poi non succede nulla?

*

Se fossi diverso da come sono, invidierei quelli come me.

*

Tutti mi riconoscono, ma pochi mi conoscono.

*

La frivolezza è il piacere d'esser inutili.

*

Se lei pensasse a me quanto io penso a lei, non penserebbe ad altro.

*

I grandi uomini caduti in disgrazia sembrano più piccoli di quanto realmente siano.

*

Temo troppo la morte per amare la vita.

*

Il momento più eccitante dell'amore? Quando lei, pensando a un altro, ti guarda come se quest'altro fossi tu.

*

Ho conosciuto molti uomini, ma credo di non aver mai conosciuto un Uomo.

*

Quando si dice che "il silenzio è d'oro" si allude sempre a quello altrui.

*

C'è chi scrive per dire le cose che ignora, chi per nascondere quelle che sa.

*

L'uomo può esser di una sola donna soltanto se non ne ha altre.

*

Perché a letto ci si confidano tanti segreti? Perché mai, come a letto, ci si sente complici.

*

"Si stava peggio quando si stava peggio." Non è mia, ma è bella.

*

C'è una sola cosa più difficile che dare l'esempio: seguirlo.

*

Con la volontà e la salute si disarma il destino. Che, comunque, alla fine avrà sempre la meglio.

*

Si ha bisogno di Dio soprattutto quando Dio sembra averci abbandonato.

*

Non basta che la pubblicità entri nelle nostre teste. Bisogna che non ne riesca.

*

Il buon gusto è la giusta misura dell'istinto.

*

Ciò che rende terribile la morte è che non riusciamo a immaginarla.

*

Le profezie s'avverano per sbaglio. Come, per sbaglio, non s'avverano.

*

Se potessimo leggere nel pensiero di tanti amici, non avremmo più amici.

*

Ciò che rende triste la vecchiaia, più che l'avvicinarsi della morte, è la vicinanza dei giovani.

*

Com'è facile trovare le proprie ragioni quando si ha torto.

*

Siamo quel che meritiamo d'essere. Ma non sempre ce ne rendiamo conto.

*

La gelosia ingiustificata è un veleno peggiore di quella motivata.

*

Quando un sogno si realizza, ci accorgiamo che in fondo non era un sogno.

*

Niente rilassa tanto un malato immaginario quanto un piccolo acciacco senza complicanze.

*

Quel che gli altri ci devono, vorremmo esser sempre noi a stabilirlo.

*

La differenza tra il sapiente e il saccente è che il sapiente sa, il saccente crede di sapere.

*

Vorrei non accorgermi di morire come non mi sono accorto di nascere.

*

Le donne belle temono di perdere tutto con la perdita della bellezza.

*

Per conoscere un prodotto basta uno *spot*; per conoscere una donna non basta una vita.

*

Come potrebbe Dio non amare gli uomini che Lui stesso ha creato?

*

Aiutiamo volentieri gli altri purché non abbiano troppo bisogno di noi.

*

Il moralista, prima di giudicare, condanna.

*

È difficile esser vecchi perché è difficile guardare la morte da vicino.

*

La pubblicità è l'anima del commercio. Il fatturato, il corpo.

*

Quando un amico ci loda o ci difende o ci mostra la sua benevolenza, nessuna gratitudine ci sembra sufficiente.

*

Chi non accetta il proprio destino, ne rischia uno peggiore.

*

La perspicacia è il *laser* dell'intelligenza.

*

La fedeltà nel matrimonio è resa possibile dalla mancanza di fantasia.

*

Niente, più della vanità, impedisce all'uomo di conoscersi.

*

Delle poche donne che ho amato ricordo tutto.

*

Nel martire c'è quasi sempre più vittimismo che eroismo.

*

La felicità è la peggior nemica della fede.

*

Per farsi perdonare la propria intelligenza, ogni tanto bisogna saper dire qualche sciocchezza.

*

Nessuno vi chiederà mai spiegazioni delle lodi che gli tributate.

*

Con certa gente, nulla è più pericoloso che essere se stessi.

*

L'invidia nasce dal timore che gli altri siano migliori di noi.

*

La reputazione è più facile farsela che riconquistarla.

*

Dopo una certa età, la civetteria è patetica, la galanteria ridicola.

*

Pessimista: chi teme il meglio.

*

Ha nascosto così bene le proprie virtù che non riesce più a trovarle.

*

A che giova esser sinceri se gli altri non ci credono?

*

L'uomo è infelice anche perché non sa bene né ciò che vuole né ciò che non vuole.

*

Parla troppo, ma per fortuna non dice niente.

*

Non dubitiamo che dipendano da noi più le nostre virtù che i nostri difetti.

*

Niente ci fa più piacere che sentire gli altri parlar male di chi invidiamo.

*

Amarsi come il primo giorno. Che noia.

*

La furbizia sta all'intelligenza come una scorciatoia alla via maestra: è più breve, ma presenta molte più insidie.

*

La morte degli altri può anche darci il piacere dell'indifferenza.

*

Se non fossimo così sicuri di essere buoni, potremmo diventarlo davvero.

*

Gli onori di cui più andiamo fieri sono spesso quelli che meno abbiamo meritato.

*

Il colmo della fedeltà: fra le braccia di un'altra donna pensare alla propria.

*

Il male degli altri ci fa paura solo se temiamo che possa colpire anche noi.

*

Niente è più meschino della mediocrità, ma anche niente, più della mediocrità, affratella.

*

La civetta, più che amata, vuol esser ammirata.

*

Non confidate mai i vostri segreti a chi con troppa facilità vi rende partecipe dei propri.

*

Parliamo bene di noi per risarcirci del male che di noi pensano gli altri.

*

Non è quasi mai la virtù a render onesta una donna, ma l'orgoglio, la presunzione, il calcolo, la mancanza di occasioni.

*

È difficile pensare agli altri senza pensare a noi stessi.

*

È morto lasciando un vuoto che da vivo aveva riempito malissimo.

*

È difficile annoiarsi con una donna che non ci ha ancora concesso i suoi favori, ma che prima o poi ce li elargirà.

*

L'umiltà è un espediente cui l'uomo ricorre per procurarsi nuove lodi, avendo l'aria di disdegnarle.

*

Vedendo le sue creature ingannarsi, odiarsi, uccidersi, Dio non può non soffrire.

*

Proviamo riconoscenza più verso un nemico che per calcolo ci loda che verso un amico che a ragione ci critica.

*

È sempre un rischio essere se stessi quando gli altri non lo sono.

*

La risurrezione dei corpi renderà più acuta la crisi degli alloggi.

*

Non c'è adulazione, anche la più spudorata, che l'uomo non scambi per ammirazione.

*

Chi non pecca mai non merita di peccare.

*

Invidiamo chi ammiriamo e odiamo chi temiamo.

*

Niente alimenta l'amore più del dubbio, ma se questo dura troppo a lungo, niente più gli nuoce.

*

Negli altri preferiamo lodare le virtù innate più che i meriti acquisiti.

*

Rimproverando a una donna il suo passato, si rischia solo di farglielo rimpiangere.

*

È facile disprezzare le ricchezze quando nessuno minaccia le nostre.

*

Niente rende tanto ridicolo e patetico l'uomo quanto il voler sembrare diverso da com'è.

*

La pazzia, più che un'alterazione della mente, è un'altra sua dimensione.

*

Perché gli altri dovrebbero fidarsi di noi se noi non ci fidiamo di loro?

*

L'eccesso di lealtà non insospettisce meno dell'eccesso di simulazione.

*

I difetti che più perdoniamo agli altri sono quelli che noi stessi abbiamo; le virtù che più invidiamo, quelle che più ci mancano.

*

Se sapessimo ciò che vogliamo, sapremmo già tanto.

*

Il successo non è mai troppo, soprattutto per chi non lo ha meritato.

*

Tanto meno piangiamo la morte di qualcuno, quanto maggiore è il beneficio che ce ne deriva.

*

Il colmo del narcisismo: invidiare se stessi.

*

La donna ha più fantasia dell'uomo, specialmente in amore. Per questo, più dell'uomo ama l'intrigo.

*

Se gli altri disprezzassero le nostre ricchezze come fingiamo di disprezzarle noi, ci sentiremmo meno ricchi.

*

È facile non temere la giustizia. Ma quant'è difficile non temere certi giudici.

*

Alcuni ricordi sono così lontani da farci dubitare di esserne stati noi i protagonisti.

*

Nessuna lezione sarà mai abbastanza salutare per chi sbaglia secondando i propri istinti.

*

La civetteria è un'arma di seduzione che con l'abuso si spunta.

*

Qualunque merito ci venga attribuito, non dubitiamo mai di esserne degni.

*

La vendetta è un piatto che cambia sapore a seconda che la si serva fredda, tiepida o calda.

*

L'onore è la più alta opinione che abbiamo di noi stessi.

*

Saper ascoltare è difficile perché il nostro silenzio impedisce alla nostra vanità di esibirsi.

*

Ogni donna, a letto, è diversa. Soprattutto se non chiudiamo gli occhi.

*

C'è una parte del nostro passato che sembra non finire mai.

*

Il gesto disinteressato o è involontario o è calcolato.

*

Diffidate di chi dice sempre bene di tutti, come di chi ne dice sempre male.

*

La testardaggine è volontà ottusa.

*

L'ambizione crea i superuomini, non i grandi uomini.

*

La seduzione: lo sforzo che l'uomo fa per ottenere da una donna ciò che lei ha già deciso di concedergli.

*

La seriosità è una spocchiosa caricatura della serietà.

*

Il galateo ci rende ipocriti ma amabili.

*

L'amore fra uomo e donna è la più alta forma di egoismo.

*

Le malattie immaginarie hanno di brutto che sono incurabili; di bello, che non bisogna curarle.

*

Peggio impieghiamo il nostro tempo, più ci lamentiamo che passa.

*

Dio sa che anche chi lo nega crede in Lui.

*

Nessun grande uomo resta tale per la donna che lo ha abbandonato, o che lui ha abbandonato.

*

Parliamo troppo non perché abbiamo tanto da dire, ma perché temiamo di non poter dire tutto.

*

Meglio l'elogio della critica, ma meglio la critica del silenzio.

*

La virtù di una donna non si misura sul numero degli uomini ai quali ha detto di no, ma su quello cui con grazia ha detto di sì.

*

Più che dire ciò che gli piacerebbe dire, il grande conversatore dice ciò che l'ascoltatore vuol sentirsi dire.

*

Chi si accontenta di poco o è saggio o è ignavo.

*

La piccola lode di un nemico ci fa più piacere del grande elogio di un amico.

*

Non è vero che l'uomo sia malvagio. È vero che non potrebbe non esserlo.

*

L'inganno non scoperto ci toglie un po' il piacere dell'inganno.

*

Se resistiamo a una passione è solo perché, in quel momento, un'altra più forte ci domina.

*

Per conquistare il potere bisogna amarlo. Per mantenerlo, servirlo.

*

Ad essere se stessi ci si guadagna solo se agli altri fa comodo vederci come realmente siamo.

*

L'astuzia sta all'intelligenza come la prepotenza alla forza.

*

Ci è difficile esser amici di chi non pensa di noi tutto il bene che ne pensiamo noi stessi.

*

In ogni nostra buona azione c'è più orgoglio che altruismo.

*

A volte, lodiamo più per vanità che per tornaconto.

*

La vecchiaia migliora i nostri costumi solo perché attenua o spegne le nostre passioni.

*

L'uomo: un atomo pieno di cosmo.

*

Ciò che rende duraturo un matrimonio sono la buona educazione, lo scarso ardore, il reciproco interesse.

*

Bisogna sempre dire la verità. Purché ne valga la pena.

*

Il sole e la luna: i due grandi occhi di Dio.

*

Temendo il male, speriamo inconsciamente di esorcizzarlo o, comunque, di lenirne l'asprezza.

*

I buoni consigli sono tali soprattutto per chi ce li dà.

*

L'amore ci fa cambiare i gusti; l'interesse, le opinioni.

*

L'amore fatto di stima potrà anche essere sincero, ma difficilmente sarà grande.

*

La differenza tra le buone e le belle azioni è che le prime accrescono la nostra virtù, le seconde lusingano il nostro orgoglio.

*

La ragione ci fa vedere le cose come sono; il sentimento, come vorremmo che fossero.

*

È soprattutto alle donne per le quali abbiamo un debole che dobbiamo nascondere le nostre debolezze.

*

Non mi sento mai così buono come quando mi è stato fatto un torto.

*

Dispensiamo più facilmente simpatia che stima.

*

Se aspirate a un piccolo favore, chiedetene prima uno impossibile, senza però mostrare di ritenerlo tale.

*

Se l'uomo non pensasse che tutto gli è dovuto, non sarebbe così ingrato.

*

L'ambizione è il desiderio di arrivare; la grande ambizione ne è la pretesa.

*

Parliamo bene di noi sperando che chi ci ascolta rincari la dose, facendoci apparire più modesti di quel che siamo.

*

L'uomo loda solo i traguardi che spera di poter raggiungere.

*

La diffidenza rende la vita più difficile tanto a chi la subisce quanto a chi la prova.

*

La presunzione è un omaggio esagerato che tributiamo al nostro orgoglio.

*

Nessuno condanna l'egoismo più impudentemente dell'egoista.

*

La donna che nega i propri favori all'uomo di cui accetta la corte è come un soprano che rifiuta di cantare dopo che si è levato il sipario.

*

Perché gli altri dovrebbero seguire i nostri consigli se niente c'infastidisce di più che riceverli?

*

Ci sono vizi che l'uomo teme di perdere più di tante virtù.

*

Se ammalandoci non rischiassimo di morire, soffriremmo più volentieri.

*

L'anima è una goccia di quell'oceano infinito che è Dio.

*

Facciamo il bene più per il piacere di sentirci buoni che per vera bontà.

*

Col passare del tempo, più le donne mi allargano le gambe, più io allargo le braccia.

*

Se la ricchezza non ci fa temere meno la morte, ci fa certamente temere meno la vita.

*

Le prediche dei grandi moralisti sono sempre le stesse. Cambiano solo i pulpiti: bianchi, neri, rossi, verdi.

*

L'uomo comincia a invecchiare quando non può più sperare di vivere un numero di anni pari a quelli che ha.

*

Senza bisogni gli uomini sarebbero tutti uguali. E molto più infelici.

*

La differenza tra la donna che si concede e quella che cede è che la prima detta le condizioni, la seconda le subisce.

*

Che fatica amare gli altri come noi stessi.

*

La falsa modestia è peggio di qualunque arroganza.

*

Creando l'uomo a propria immagine e somiglianza, Dio, che è immutabile, non rifletté sufficientemente sul fatto che la sua opera sarebbe invecchiata.

*

La popolarità non è tutto solo quando la si ha.

*

Ci sono donne che a letto chiudono gli occhi per sentirsi altrove.

*

Niente ci è più necessario del piacere superfluo.

*

"Molte cose è meglio desiderarle che possederle" lo si può dire solo dopo averle possedute.

*

Più che una virtù, la modestia è una posa e un calcolo.

*

Forse la morte è dolce solo per chi è già morto.

*

Un niente basta a rendermi infelice, ma non ci sarà mai un tutto capace di darmi la felicità.

*

La coscienza è la sentinella di Dio nel cuore dell'uomo.

*

È più comodo aver fiducia negli altri che in noi stessi.

*

La sofferenza è un fuoco che, quando non ustiona, purifica.

*

Per ottenere dall'uomo ciò che vuole, la donna deve resistergli a lungo o cedergli subito. Se gli cede subito, entrambi guadagnano tempo.

*

Chi si pente è perduto.

*

Il pacifista vuole la pace; il pacifico la vorrebbe.

*

C'è chi invecchia e chi matura.

*

Non si può avere tutto, ma soprattutto non si deve.

*

Il maggior nemico dell'amore è l'amore successivo.

*

Mi piace sfidare Dio ed essere vinto da Lui.

*

Quando guardo intensamente una donna, e lei mi guarda, non so da che parte guardare.

*

La politica è una cosa, la morale un'altra. Ma senza un po' di morale, non ci sarà mai grande politica.

*

Spiegare l'amore che lentamente nasce è difficile. Ma spiegare quello che di colpo esplode è impossibile.

*

Nessun difetto ci riconosciamo più a malincuore della vanità perché, essendo questa una magagna dello spirito, può esporci al ridicolo.

*

La differenza tra la donna che ci sta e quella che non ci sta è che la seconda non ci ha capito.

*

Se l'uomo fosse immortale, si chiederebbe continuamente perché. Così come continuamente si chiede perché non lo è.

*

Nella monogamia c'è spesso più ipocrisia che fedeltà.

*

Fare il proprio dovere pesa soprattutto a chi non se lo vede riconosciuto.

*

Quando una donna mi dice "sì", prima o poi se ne pentirà.

*

Nella timidezza non c'è meno paura che orgoglio.

*

Le donne più difficili da conquistare sono quelle che già ci hanno conquistato.

*

Più che credere, nel grande amore vogliamo credere.

*

Cristo è morto per l'uomo anche perché non aveva scelte.

*

Ci sono donne che ci conquistano agitandosi; altre, restando immobili.

*

Ciò che rende incompresi tanti geni è che non sono geni.

*

Di nessuno cerchiamo di diventare amici come di chi è amico di colei che amiamo.

*

L'ambizioso guarda lontano calcolando vicino.

*

È bello comandare soprattutto a chi vorrebbe disubbidirci.

*

L'amicizia fra uomo e donna ha questo di bello: non dura.

*

Pochi si scandalizzano davvero. I più fingono.

*

Oltre che un piacere, il bacio è una scorciatoia.

*

Un segreto custodito è come un rospo non sputato.

*

L'amore può far a meno dell'orgoglio; l'amicizia, mai.

*

Una donna ci sta o quando ci guarda troppo o quando non ci guarda affatto.

*

La libertà di stampa è fatta anche di errori d'ortografia.

*

L'amicizia esige sincerità; l'amore, tutt'al più, la raccomanda.

*

Solo chi ha molto riesce ad accontentarsi di poco senza soffrire.

*

È più facile riconciliarsi con un'amante che ci ha ingannato che con un amico che ci ha tradito.

*

Si può capire la vita anche abbandonandosi ad essa.

*

È meglio dire bene una bugia che male una verità.

*

All'uomo di potere la donna perdona anche l'impotenza.

*

L'abnegazione è la voluttà masochistica del sacrificio.

*

È più difficile parlare ai giovani che agli adulti perché i giovani vanno guardati negli occhi.

*

Masturbarsi è un modo come un altro per concentrarsi.

*

È assurdo credere che l'amore possa durare in eterno, ma solo credendolo si può forse procrastinarne la fine.

*

Nessuna lode è esagerata per chi non la merita.

*

Il giovane è estremista più per impazienza che per idealismo.

*

I vizi diventano tali quando non ci procurano più solo piacere.

*

La differenza tra un falso amico e un vero nemico è che questo può sempre diventare un buon amico.

*

Il progressismo è il progresso in bocca ai retori.

*

Una donna che, dopo esser stata baciata, non si concede, non meritava di esser baciata.

*

La prudenza è il più lecito dei calcoli.

*

Se l'ateo prova rimorso, vuol dire che anche lui crede in Dio.

*

Il popolo preferisce esser blandito che capito, ingannato che responsabilizzato, istigato che pungolato, corrotto che purificato, tradito che deluso.

*

"La carne è debole." Per fortuna.

*

Il vero amore non conosce la volubilità, ma solo l'incertezza e l'inquietudine.

*

Ci si domanda: se Dio è perfetto, perché ha creato l'uomo imperfetto? Ma chi ci dice che in tanta imperfezione non ci sia una meravigliosa perfezione?

*

L'uomo è se stesso più quando soffre che quando gode.

*

La donna leggera, quando s'innamora, diventa pesantissima.

*

È più difficile approvare che ammirare. Ed è più difficile ammirare che adulare.

*

La donna deve chiedere all'uomo prima quello che lui vuole darle; poi, quello che può darle; infine, quello che lei vuole.

*

C'è un solo modo per guarire dalla gelosia: provocarla.

*

Mi giudichino pure gli uomini. Purché, poi, Dio giudichi i miei giudici.

*

Che gli altri la pensino come noi ci fa piacere almeno quanto ci dispiace pensarla come gli altri.

*

Il cuore senza la mente rende ingenui; la mente, senza il cuore, cinici.

*

Ci sono virtù (l'altruismo, per esempio) che tanto più ammiriamo quanto meno rischiamo di doverle esercitare.

*

Invidiamo spesso non chi è migliore di noi, ma chi tale è considerato dai più.

*

Niente ci fa più soffrire che il dover riconoscere negli altri i nostri meriti e le nostre virtù.

*

È talmente intelligente che può permettersi il lusso di non capire.

*

La salute non è tutto. È qualcosa di più.

*

L'eccesso d'intelligenza non ci è meno molesto della sua mancanza.

*

Il pazzo conosce il mondo non meno del saggio ma, a differenza di questo, non si rassegna alle sue imperfezioni e alle sue iniquità.

*

È facile esser giusti quando non sono in gioco i nostri interessi.

*

La felicità può esser fatta di piccole cose solo se queste, nel momento in cui le godiamo, ci sembrano grandi.

*

La forza dei giovani è la potenza delle loro illusioni.

*

L'adulatore è un insicuro che dà sicurezza all'adulato.

*

L'uomo forte ha bisogno di Dio non meno di quello debole.

*

La banalità appiattisce la vita, ma al tempo stesso la semplifica.

*

Il guaio è che giudichiamo gli altri non per come sono ma per come noi li vorremmo.

*

La scienza deve all'ingegno ciò che l'arte deve al talento.

*

È triste avere senza essere, ma com'è difficile essere senza avere.

*

Dio mette alla prova l'uomo con il dolore non meno che con il piacere.

*

Il topo di biblioteca è il solo a non aver paura dei gatti.

*

Niente raffredda tanto il desiderio quanto il rinviarne troppo l'appagamento.

*

Maturità è capire che gli sbagli commessi dovevano – ma non potevano – esser evitati.

*

Fra chi ci calunnia, attribuendoci colpe mai commesse e vizi inesistenti, e chi mette in ridicolo i nostri difetti, preferiamo sempre il primo.

*

Nella gentilezza c'è più sentimento che nella cortesia, dove c'è più calcolo.

*

Raggiunta la maturità, per rimanere giovani bisogna imparar a invecchiare.

*

Solo le donne che amiamo dovrebbero amarci.

*

Mi fa più paura un pacifista arrabbiato che un guerrafondaio tranquillo.

*

Conosciamo Dio poco e male anche perché a presentarcelo sono i suoi vicari in terra.

*

L'obiettività è un giudizio senza pregiudizi, cioè senza passioni.

*

Nella tolleranza, se non c'è sacrificio, c'è compiacimento.

*

Governare se stessi è più difficile che governare uno stato perché la coscienza è un suddito che non ammette trasgressioni.

*

Ci sono peccati che confessiamo pubblicamente per il piacere di ricommetterli, complice chi ci ascolta.

*

La vita sarà anche un inferno, ma l'inferno non è vita.

*

Siamo più grati a una moglie che ci perdona che a un'amante.

*

Quando son arrabbiato, ciò che più mi fa arrabbiare è chi non si arrabbia.

*

La ruota della vita gira. È vero che spesso gira dalla parte sbagliata, ma chi ci dice che noi giriamo da quella giusta?

*

Niente ci rende più ridicoli degli sforzi che facciamo per non sembrarlo.

*

Buon politico è chi sa mentire; grande politico chi finisce col credere alle proprie menzogne.

*

Nel cuore di tutti c'è posto per Dio, ma in quello di pochi c'è Dio.

*

La maturità è coscienza e accettazione dei propri limiti.

*

Dovrebbe morire soltanto chi è stanco di vivere.

*

"Nel mio io ci sei solo tu." E così nasce l'amore.

*

Il cielo infreddolito indossa un cappotto di nubi.

*

La vita: un romanzo che comincia sempre nello stesso modo, e che nello stesso modo, qualunque ne sia l'intreccio, finisce.

*

Nella tolleranza c'è forza; nell'intolleranza, prepotenza.

*

Ho sognato di sognare. Qual era il vero sogno?

*

Dio non ha certamente creato il male a caso, ma perché l'abbia creato resta il più grande dei misteri.

*

L'ironia è il contropelo della verità.

*

La satira è una requisitoria dello spirito.

*

Le lacrime dobbiamo sapercele asciugare da soli.

*

Opinione pubblica: mancanza di opinioni all'ammasso.

*

Il più delle volte la verità è il nostro interesse.

*

Rispetta il più giusto, non il più potente.

*

La saggezza è scienza della vita; la sapienza, arte.

*

Cerca di non aver bisogno degli altri, ma fai che gli altri abbiano bisogno di te.

*

Il divorzio è ammissione d'una sconfitta. Come il matrimonio.

*

M'accorgo del cielo infinito soprattutto quando una rondine lo trafigge.

*

La povertà è mancanza del necessario; la ricchezza, sovrabbondanza del superfluo.

*

Immaginare il futuro non serve a nulla perché, nel bene o nel male, sarà comunque diverso.

*

L'ambizioso arriva lontano; il velleitario, lontano guarda.

*

Ciò che rende possibile la vita in due è che in tre sarebbe ancora più complicata.

*

L'erotismo sta al sesso come il vino imbottigliato al mosto.

*

È difficile amare gli altri come noi stessi, ma ancor più difficile è stimarli.

*

Una donna la si conquista anche perdendo, e facendole perdere, il pudore. Perdendo invece il pudore con un amico, si perde l'amico.

*

Il tempo, che impoverisce il corpo, dovrebbe arricchire lo spirito.

*

L'uomo non è buono, né vuol esserlo. Gli basta sembrarlo.

*

I difetti altrui ci fanno più piacere delle nostre virtù.

*

La solitudine mi fa sentire meno solo.

*

Chi ama può tutto solo su chi lo riama.

*

Se all'uomo la virtù pesa più del vizio, vuol dire che gli è meno connaturale.

*

Non ci appartiene né il passato né il futuro. E del presente siamo alla mercé.

*

Nell'emergenza l'uomo dà il meglio e il peggio di sé.

*

La bugia è un corno alla verità.

*

L'uomo è mediocre per mancanza di coraggio non meno che di fantasia.

*

Ci sono donne che non avremmo mai cercato se non le avessimo desiderate in sogno.

*

Chi non impara a vivere, non saprà morire.

*

Per farsi capire dai giovani, bisogna saperli ascoltare.

*

C'è una sola cosa al mondo più bella che far l'amore. Rifarlo.

*

È comodo pensare come gli altri. Ma pensare come gli altri significa spesso non pensare.

*

L'uomo: un niente di tutto.

*

Solo la libertà interiore non è utopia.

*

I bei tempi torneranno. Ma per chi?

*

Se Dio non esistesse, inventarlo sarebbe impossibile.

*

Chiedere a una donna che non ci ama se ci ama, è farci amare ancora meno.

*

Se non vogliamo inimicarci i mediocri, mostriamoci mediocri anche noi.

*

Chi non sa sopportare la povertà, difficilmente saprebbe sopportare la ricchezza.

*

Diffidate sempre di una donna lodata da un'altra. È brutta.

*

Mi è più facile ricordare la fisionomia di una persona intelligente che di una persona bella.

*

Abbiamo nostalgia del passato anche perché ce lo siamo dimenticati.

*

I teologi, non potendo spiegare Dio con la ragione, lo rendono incomprensibile con i dogmi.

*

Quel che chiediamo alla vita, dovremmo chiederlo a noi stessi.

*

Ci sono verità che fanno dubitare più di tante menzogne.

*

L'accidia è la pigrizia resa immorale dalla rassegnazione.

*

Ci sono donne che conquistano l'uomo rendendogli più facile la vita; altre, rendendogliela impossibile.

*

Fatti giudicare per quello che sei, non per quello che vorresti essere.

*

Se l'uomo sapesse perché nasce, saprebbe anche perché muore.

*

Niente, più dell'eccesso di ambizione, nuoce alla femminilità.

*

Fermato l'attimo, Dio esclamò: "E ora?"

*

Le donne virtuose, quando s'innamorano, sono le più corruttibili, forse perché inconsciamente vogliono vendicarsi di quella virtù che troppo a lungo ha frenato gli slanci del loro cuore, inibito le estasi del loro sentimento.

*

L'uomo va giudicato tenendo conto delle sue imperfezioni più che delle sue virtù, delle sue debolezze più che dei suoi eroismi.

*

Il modo più sicuro per conquistare una vedova è celebrare le virtù del marito.

*

Sono preoccupato: sto diventando serio.

*

Spesso, le donne che desiderano solo noi sono quelle che noi meno desideriamo.

*

C'è chi, non riuscendo a capire Dio, si vendica negandolo.

*

Si riscuote più simpatia raccontando i propri guai che magnificando i propri successi.

*

Rivediamo più volentieri le donne che abbiamo desiderato di quelle che abbiamo amato.

*

C'è chi si sposa per amore e chi per calcolo, ma i più si sposano così.

*

La donna che dichiara di non aver mai tradito il proprio marito dovrebbe augurarsi di non essere creduta.

*

Quando ci accorgiamo di esser diventati finalmente adulti, ci accorgiamo anche di essere già vecchi.

*

Chiedere a una donna di amarci comunque è come chiedere a un medico di guarirci a ogni costo.

*

Se la maggior parte degli uomini non fossero mediocri, la vita sarebbe un inferno.

*

Le virtù cui più aspiriamo sono quelle che, possedute dagli altri, più ci fanno soffrire.

*

Una donna che finge di godere non sa quel che perde.

*

Ci amiamo tanto, eppure non riusciamo a star soli con noi stessi.

*

Se Adamo non avesse mangiato la mela, non saremmo qui a domandarci perché la mangiò.

*

Ciò che più amiamo nei grandi uomini sono i loro piccoli difetti.

*

Giurarsi eterno amore non costa nulla. Ma quanto costa ricordarsi del giuramento.

*

Più l'uomo è felice, meno pensa a Dio che lo ha reso tale.

*

Più che la tomba dell'amore, il matrimonio ne è la graticola.

*

L'italiano non vuol essere creduto, ma soccorso.

*

La donna che ci perdona i nostri tradimenti ci toglie il piacere di ricommetterli.

*

Le persone che più mi hanno deluso sono quelle che più avevo idealizzato.

*

Non è vero che tutte le donne siano puttane. Ma è vero che tante, senza sembrarlo o senza rendersene conto, vorrebbero esserlo.

*

Chi si accontenta di una sola donna sarà sempre scontento di se stesso.

*

Nella lotta di classe, più che di giustizia, c'è sete di vendetta.

*

Quante voci nel silenzio di Dio.

*

La libertà è ordine, imposto non dal di fuori e dall'alto, ma dal di dentro, dalla nostra coscienza.

*

Perché gli altri dovrebbero credere in noi quando ci crediamo così poco noi stessi?

*

Non amerei più nessuna delle donne che ho amato. Forse proprio perché le ho amate.

*

Anche nelle cause sbagliate è meglio credere che finger di credere.

*

Si è spesso gelosi della propria moglie più perché è bella che perché la si ama.

*

I capolavori inediti sono un po' meno capolavori.

*

È soprattutto amando che si conosce Dio.

*

In fondo, ricordiamo solo quello che c'interessa ricordare, e dimentichiamo tutto quello che ci piace dimenticare.

*

Oggi ho la testa così vuota che mi passa perfino il mal di testa.

*

Fare il possibile significa già fare il proprio dovere.

*

L'amore può darti di più o di meno dell'amicizia, mai quanto l'amicizia.

*

"A tutto c'è rimedio" lo diciamo soltanto dei mali altrui.

*

Mia moglie ha qualcosa che le altre non hanno: me.

*

La superiorità altrui ci rende comunque invidiosi.

*

La fedeltà ha un limite. Come la pazienza.

*

Il vero scocciatore t'interrompe non solo quando parli: anche quando ascolti.

*

La vita è eterna solo per chi soffre.

*

I giovani pensano al futuro senza immaginarlo.

*

Nessuno è indispensabile. Salvo noi stessi.

*

Le parole stanno alle chiacchiere come l'arrosto al fumo.

*

Perché morire per una donna quando si può vivere con un'altra?

*

Scrivere è come far l'amore: guai a perdere il ritmo; se ne perde anche il gusto.

*

Le cose ben fatte puzzano di sudore.

*

Ci sono donne con cui non vado a letto per paura di doverci tornare.

*

Nella vita è più rischioso avere troppo che tutto.

*

La perversione è un ascesso dell'erotismo.

*

È più facile distrarre una donna dal marito che dall'amante.

*

L'amore di gruppo ha questo di bello: non si è mai soli.

*

Se Dio avesse immaginato l'uso che certi uomini avrebbero fatto del suo nome, si sarebbe sicuramente servito di uno pseudonimo.

*

Alla fine, niente è meno igienico della carta igienica.

*

Chi la fa, non sempre l'aspetti.

*

La fantasia ha un grande alleato nell'onanismo.

*

Né un grande dolore né un grande piacere possono durare a lungo. È la fortuna e la disgrazia dell'uomo.

*

Da come la mia donna mi dice: "Con quello non ti tradirei mai", capisco se già mi ha tradito.

*

Il più delle volte perdoniamo quando il perdono non ci costa più niente.

*

Le donne che più mi piacciono sono quelle che più resistono agli altri.

*

La felicità consiste... In che cosa?

*

Un matrimonio senza adulterio è come un'insalata senza condimento.

*

Diffidate di chi parla troppo di Dio, soprattutto se gli parla in latino.

*

È più facile farsi perdonare il successo raggiunto col vizio che con la virtù.

*

Nessuno riuscirà mai a dimostrare l'esistenza di Dio perché essa non va dimostrata, ma sentita. Dimostrarla significa limitare la divinità.

*

Per credere in se stessi bisogna essere se stessi.

*

Riuscirei ad esser amico di una donna solo se fossi sicuro che non ingannerebbe mai il proprio marito.

*

Le ideologie stanno agli ideali come le feci al cibo che le ha prodotte.

*

A letto, il silenzio conduce all'impotenza. I sensi devono avere bocca e orecchie.

*

Gli amori ancillari non hanno età, ma a venti e a ottant'anni non se ne può far a meno.

*

Ho amato poche donne, ma le ho desiderate tutte.

*

Il progressismo di certi ricchi è direttamente proporzionale ai capitali esportati.

*

Pensiamo volentieri agli altri, specialmente quando gli altri non ce lo chiedono.

*

Checché se ne dica, le donne che tradiscono solo col pensiero sono le meno infedeli.

*

L'amore davanti allo specchio infonde coraggio.

*

D'immortale, nella donna e nell'uomo c'è solo la procreazione.

*

Perché le donne, quando sono con l'amante, chiamano il marito per nome, mentre gli uomini dicono sempre "mia moglie"?

*

C'è chi, per concentrarsi, fuma, e chi, più volgarmente, si mette le dita nel naso.

*

Ciò che più mi piace in una donna è la sua disponibilità a peccare.

*

Il becco contento è, comunque, contento.

*

Sedotta una donna sul divano, niente è più scomodo che raggiungere il letto.

*

Preferisco che mia moglie mi dica: "Ti ho tradito," piuttosto che mi annunci: "Ti tradirò."

*

Una coppia smette di possedersi al momento dell'orgasmo.

*

Non chiediamo mai agli altri quello che gli altri sarebbero disposti a darci, ma quello che noi presumiamo di dover ricevere.

*

In una goccia di sperma c'è l'anima, c'è Dio.

*

L'ora preferita dagli italiani per prendere posizione è sempre l'ultima.

*

Se, dopo il coito, l'animale è triste, l'uomo non vede l'ora d'andarsene.

*

Per alcuni, l'omosessualità non è un vizio né un peccato, ma solo un'occasione perduta.

*

Una donna è nostra in modo diverso, prima, durante, dopo.

*

Un politico che non fa promesse è come una puttana che non fa marchette.

*

Solo a letto, chi viene prima, arriva in ritardo.

*

Il vizio solitario è, comunque, una gran compagnia.

*

Se la vita non fosse un mistero, sarebbe una gran barba.

*

La fedeltà, più che eroismo, è rinuncia.

*

Se l'uomo potesse infilarsi le dita nel naso in pubblico, sarebbe certamente più felice.

*

Chi parla d'amore eterno farebbe bene a sposarsi.

*

Ciò che a letto una donna chiede all'amante, non dovrebbe mai chiederlo al marito.

*

Non c'è uomo che, vinto un attacco di stitichezza, non si senta più sicuro di sé.

*

A letto, fra le braccia di una donna, la bocca è fatta più per parlare che per baciare.

*

Ah, se potessimo confessare alla nostra donna quanto ci mancava mentre facevamo l'amore con un'altra!

*

Anche per chi ha bisogno di pace, quella eterna è comunque troppa.

*

Le donne che più ci fanno godere sono quelle che più vogliono godere.

*

Ciò che più ci piace di una donna, è sempre meglio tacerglielo. Potrebbe abusarne.

*

La solitudine è la grande alleata di Dio.

*

La giovinezza è il più grande rimpianto e il più patetico rifugio della vecchiaia.

*

Non basta guardare avanti: bisogna che ci sia qualcosa da vedere.

*

Che la donna sia difficile da capire lo dice o chi non l'ha capita affatto o chi l'ha capita troppo.

*

Sognate, sognate: qualcosa resterà.

*

L'amore nasce come una fiamma e si spegne come una candela.

*

Nessuno saprà mai tutto il bene che pensiamo di noi e tutto il male che pensiamo degli altri.

*

Ciò che rende stupida la vita è il cattivo uso che ne fanno gli altri.

*

C'è gente così timida che, quando ti chiede scusa, teme di farti un torto.

*

L'adulterio, più che un tradimento dei sensi, è una vacanza della fantasia.

*

Non basta saper ubbidire: bisogna anche volerlo.

*

L'uomo sarà anche immortale, ma una volta almeno deve morire.

*

Non è vero che una donna che ha amato un solo uomo sia più seria di una che ne ha amati tanti. Ha solo avuto meno occasioni.

*

Quanto è difficile prendere sul serio la gente troppo seria.

*

Non è affatto vero che chi non vuol andare all'inferno vuol andare in paradiso.

*

Mi sarebbe più facile amare un uomo che riamare certe donne.

*

Ammiriamo più facilmente un uomo per i suoi vizi che per le sue virtù, condividendo più facilmente quelli che queste.

*

L'uomo non dice volentieri la verità, così come volentieri non l'ascolta.

*

Le sole donne che non ho ingannato sono quelle che non ho avuto.

*

“La fede sposta le montagne.” No, fa di più: le crea e le distrugge.

*

Legge gialli come se l’assassino fosse lui.

*

Ci si sacrifica per i posteri solo perché non se ne può far a meno.

*

Se il denaro non dà la felicità, neppure la toglie.

*

Se ci rassegniamo a vivere, perché non dovremmo rassegnarci a morire?

*

Nessuna donna si farebbe corteggiare da un uomo sposato se non fosse sicura di poterlo, prima o poi, strappare alla moglie.

*

L’italiano non crede in niente, fingendo di battersi per tutto.

*

La rassegnazione può anche esser figlia del coraggio.

*

Le donne che ci rinfacciano i loro sacrifici sono quelle per le quali meno siamo disposti a sacrificarci.

*

Metà della vita la passo a curare i mali che ho; l'altra, a temere quelli che potrebbero colpirmi.

*

"Il matrimonio: meglio mai che tardi." Stupenda.

*

Non si cerca Dio senza l'aiuto di Dio.

*

Solo perdendosi, gl'innamorati si trovano.

*

"Chi si contenta gode." Non è vero.

*

Ci si abitua anche alle corna. Ma meglio non dirlo.

*

Dio non è né un mistero né un problema né un ideale: è un destino.

*

I regimi sono il pascolo dei codardi e dei servi.

*

Ciò che rende una donna virtuosa è il fatto che nessuno le chiede il numero di telefono.

*

La morte: un velo o un muro?

*

Per far fronte alle nubi, la nebbia si raccoglie in banchi.

*

La noia può farci soffrire più del dolore.

*

La vita: una scommessa vinta o perduta?

*

Più che di amarci, chiediamo a Dio di aiutarci.

*

Nel cuore di chi amiamo, l'amore non ci fa leggere, ma indovinare.

*

Tra chi fa e chi è indaffarato c'è la stessa differenza che tra chi possiede una donna e chi la insegue.

*

Virtù è fare al meglio le cose che dobbiamo fare.

*

Chi mi prende sul serio non è serio.

*

Circostanze eccezionali possono render eccezionali uomini comuni.

*

Mi guarda negli occhi come se non volesse farsi vedere.

*

"Il matrimonio è una cosa buona, ma mediocre."

*

Si dice che "solo alla morte non c'è rimedio". E se, invece, proprio la morte fosse il rimedio?

*

È un semplice soldato, ma con molte idee generali.

*

L'amore uccide le abitudini, che la fine dell'amore risuscita.

*

Nessun artista è grande per un altro artista.

*

L'umiltà di certi autodidatti non mi atterrisce meno della presunzione di altri.

*

È la vanità che ci rende difficile custodire un segreto. Confidandolo, infatti, ci sentiamo importanti.

*

"Ogni frutto ha la sua stagione." Purtroppo.

*

Conoscere il valore delle cose è difficile anche perché non le guardiamo mai con lo stesso occhio, non le sentiamo mai con lo stesso cuore, non le giudichiamo mai con lo stesso metro.

*

Il riso è un sorriso senza scrupoli.

*

In fondo, l'unico entusiasmo è quello per noi stessi.

*

Avendo fatto l'uomo con le orecchie, Dio pensò bene di dargli la parola.

*

Inutile dire una bugia se non si ha la certezza di essere creduti.

*

Chi dice: “Non m’importa se mia moglie mi tradisce,” o ama un’altra donna o non dubita della fedeltà della propria.

*

La verità si dice, la bugia si racconta. Il che richiede molta più fantasia.

*

Che sarebbe della vita senza l’amore? Tanta noia e molta pace.

*

Se la giustizia non può esser al di sopra delle parti, non sia almeno al di sotto dei partiti.

*

Più che di fame o d’indigestione, i miei amori sono morti di cattiva digestione.

*

Di un’altra donna, una donna preferisce esser complice che amica. Ma, soprattutto, rivale.

*

Quando la gioventù finisce, è già troppo tardi.

*

Nessuna donna, più di quella che ci sta, avrà la nostra riconoscenza.

*

I giudici che meno sbagliano sono quelli che più riconoscono i loro errori.

*

Ci sono donne che capiamo solo dopo averle amate e sedotte. Altre che comprendiamo solo prima.

*

Chi non sa cos'è la paura della morte non conosce la paura.

*

Ai matrimoni, gli uomini ridono e le donne piangono perché i primi non sanno cosa li aspetta; le seconde, sì.

*

Gl'innamorati si fanno tanti giuramenti perché, in fondo, non si fidano di quel che dicono.

*

Non ci può essere moralità senza sentimento. E ciò perché la morale emana da Dio. E Dio si sente, non si capisce. La fede non esclude, ma supera la ragione.

*

La fortuna è un attimo di distrazione del destino.

*

Le donne sono tutte uguali. È l'uomo che le vede con occhi diversi.

*

Cosa penso dell'eternità? Che deve annoiarsi a morte.

*

Uscì di casa per entrare nella leggenda.

*

Non si soffre in silenzio senza un po' compiacersene.

*

Mai farsi conoscere troppo da chi ci ammira.

*

Il sesso non vuole pensieri. E quanti ne risolve!

*

Riesco a credere cecamente in un uomo e, dopo un'ora, a diffidare totalmente di lui.

*

Più che noi stessi, amiamo l'opinione che di noi stessi abbiamo.

*

La cosa che la donna ci dà con meno facilità è la sola che nessuno potrebbe toglierle.

*

Per trovare Dio bisogna smarrirsi.

*

Una donna innamorata e non corrisposta che si ostina a voler conquistare un uomo, è la peggior nemica di se stessa.

*

L'esperienza è il nome che diamo a quegli errori che ci han permesso di farci un'esperienza.

*

L'infelicità dell'uomo è la conseguenza della sua imperfezione. Per questo non potrà mai esser felice.

*

Vorrei essere una cassaforte e custodirvi la chiave per aprirla.

*

Ci sono giorni in cui dico un mucchio di sciocchezze; altri, in cui dico solo cose intelligenti. Eppure, il mio cervello è sempre lo stesso.

*

Per prepararsi alla morte bisognerebbe non temerla.

*

C'è chi dice di sì per coraggio, chi per paura.

*

Non credo sia possibile giudicare un imputato prescindendo dalla simpatia o dall'antipatia, anche fisica, che ispira.

*

"Il tempo è denaro." Ma il denaro mal speso quanto tempo ci fa perdere.

*

Nessuna donna è più possessiva di quella infedele. E ciò perché teme che anche il suo uomo lo sia.

*

Gli sciocchi buoni sembrano sempre più sciocchi di quelli cattivi.

*

Il popolo non sarà mai sovrano. Un po' perché non saprebbe esercitare il potere; un po' perché non ama assumersi responsabilità.

*

Possediamo chi ci ama, ma siamo posseduti da chi amiamo.

*

L'uomo: un pigro che non sa star fermo.

*

Più che ingannare il popolo, i legislatori vogliono sottometterlo.

*

La fede è il salvagente che Dio getta all'uomo dopo averlo scaraventato nel vortice della vita.

*

Più che dell'amore, il matrimonio è la tomba di tutto ciò che lo ha reso possibile.

*

Per ottenere molto basta chiedere di più. Per ottenere tutto, basta chiedere troppo.

*

Che la giustizia in Italia non funziona lo dicono soprattutto coloro che le impediscono di funzionare.

*

La morte improvvisa ha questo di brutto: c'impedisce di pronunciare frasi storiche.

*

Più che legittimo coniuge di un sostantivo, l'aggettivo dev'esserne l'occasionale amante.

*

L'eternità, se esiste, la conquistiamo in un attimo.

*

Se penso a quand'ero bambino, gli anni mi sembrano secoli. Ma vedendo crescere i bambini, mi sembrano minuti.

*

L'agonia di un uomo è per quest'uomo l'agonia di tutta l'umanità.

*

Il più amico di due amici è di solito anche il più stupido.

*

Le persecuzioni distruggono una democrazia, spianando la strada alla dittatura che le istituzionalizza.

*

Se l'uomo è mortale, perché l'amore dovrebbe esser eterno?

*

Ci si sacrifica per gli altri con la speranza che questo possa, in qualche modo, tornarci utile.

*

A niente ci si assuefà come alle abitudini. Buone o cattive che siano.

*

Solo colui al quale i conti non sono tornati mai può dire d'aver vissuto.

*

Le delusioni che le persone care ci hanno procurato ci rendono meno dolorosa la loro scomparsa.

*

I più solidi puntelli di un matrimonio sono le corna messe al momento giusto.

*

Le donne mi fanno ancora battere il cuore. Ma in testa.

*

Checché se ne dica, ciò che rende difficile il matrimonio è il matrimonio stesso.

*

Se gli altri non ci nuocessero, ci sarebbero indifferenti.

*

La differenza fra chi è nato scettico e chi lo è diventato è che il primo si è risparmiato un mucchio di errori.

*

Sognare di far l'amore con un'altra. Svegliarsi, e farlo con la propria moglie. Chi è la tradita?

*

Giovani si pensa all'amore; maturi, alla vecchiaia; vecchi alla morte. Morti, a che cosa?

*

Niente è più bello di un giglio che fiorisce, più malinconico di un giglio che appassisce, più immondo di un giglio che marcisce.

*

L'eleganza è il buon gusto del corpo, suggerito dallo spirito.

*

Com'è difficile stimare chi lo merita!

*

L'amore è una bella malattia finché a soffrire si è in due.

*

La donna giusta è quella che l'uomo non incontrerà mai. Se infatti la incontrasse, non la considererebbe più tale.

*

Pensiamo pure agli altri, ma non dimentichiamoci di noi stessi.

*

Chi non vuole ubbidire, sa già cosa vuole.

*

C'è chi è impotente davanti al destino e chi di fronte a una donna. Difficile dire chi soffre di più.

*

Il bacio: lo squillo di tromba che annuncia la grande carica.

*

Più che alla bella morte, credo alla bella vita.

*

Da una donna è più facile esser amati che capiti.

*

L'occasione fa l'uomo ladro, ma l'occasione altrui può farlo derubato.

*

Il matrimonio ci condanna alla solitudine, ma c'impedisce di dirlo.

*

Il proprio dovere lo si compie più per gli altri che per se stessi.

*

"Credere, ubbidire, combattere." E poi?

*

C'è chi passa la vita con una donna non perché l'ama, ma perché non l'ama più e non ha il coraggio di dirglielo.

*

Il pettegolezzo non è mai disinteressato: chi lo fa vuole più ferire che riferire.

*

La morte è un salto nel buio. Con o senza rete?

*

È raro che la donna non cerchi di trasformare un'amicizia in relazione. Se non ci riesce, cercherà di farvi sentire colpevoli.

*

Se a chi la diciamo, la bugia fa più piacere della verità, perché tacerla?

*

Il mistero di Dio è l'angoscia dell'uomo.

*

Ci vergogniamo di raccontare quel che facciamo a letto e non quel che facciamo in guerra.

*

Per alcuni, il matrimonio è una rete; per altri, una catena; per tutti, un nodo scorsoio.

*

Se una donna vi dà più di quel che le chiedete, prima o poi vi chiederà più di quel che sarete disposti a darle.

*

Il tempo vola sulle ali delle nostre illusioni.

*

Se Adamo non avesse mangiato la mela, Eva non avrebbe avuto bisogno della foglia di fico. E Adamo non si sarebbe accorto dei tesori che quella foglia nascondeva.

*

Sono poche le donne che si sposano perché vogliono un uomo; la maggior parte si sposano perché vogliono un marito.

*

Tizio non immagina cosa non farei per lui.

*

Vorrei esser più felice, ma quando lo sono, non me ne accorgo.

*

Con le donne belle, corteggiate e viziate, la tattica migliore è non dar loro importanza. Si chiederanno perché, e la daranno a voi.

*

Se vogliamo che la giustizia sia un ideale, non inquiniamola con le ideologie.

*

Lo scapolo, condannato alla solitudine, è invidiato da chi, sposandosi, s'illude di non esser più solo.

*

Una donna che si fa corteggiare troppo a lungo, o non sa cosa vuole o vuol esser adulata.

*

È vero che i piaceri della carne durano poco, ma è anche vero che, se durassero di più, cesserebbero di esser tali.

*

Le abitudini ci rendono la vita più facile e meno eroica.

*

I mariti tollerano più degli amanti perché le evasioni delle mogli in qualche modo legittimano le loro, rendendo più sopportabile la convivenza.

*

I sogni sono belli anche perché raramente s'avverano.

*

Adulare è un'arte. Ma è un'arte anche sapersi far adulare.

*

L'abnegazione è la volontà asservita a una grande idea.

*

È vero: pochissime cose sono importanti. Ma quali?

*

Crogiolarsi nelle vittorie non è meno pericoloso che recriminare nelle sconfitte.

*

È peggio sentirsi soli in compagnia che soli in solitudine.

*

"Tutto passa." E se, invece, tutto restasse?

*

Chi ci può esser utile non è mai stupido.

*

L'ipocrisia aiuta a vivere; l'invidia, a morire.

*

Solo chi non sa far niente crede di poter far tutto.

*

Le lodi dei nemici valgono più di quelle degli amici perché più disinteressate.

*

La donna deve farsi desiderare, non sospirare.

*

Niente, più dell'interesse, ci fa dimenticare i torti subiti.

*

Il moralista non ama la Verità, ma la "sua" verità.

*

Non di rado dobbiamo il successo più ai meriti che ci vengono attribuiti che a quelli reali.

*

Vent'anni: pochi pensieri e tanti desideri.

*

Tutti possiamo trovare qualcuno a cui dare ordini, ma tutti, prima o poi, a qualcuno dobbiamo ubbidire.

*

Di vero, nella vita, c'è solo il dolore. Più il nostro che quello altrui.

*

L'ambizione è l'anima dell'infarto.

*

Ci sono donne che amiamo per i peccati che hanno commesso con altri.

*

Vorrei esser migliore di quel che sono. Ma non troppo.

*

C'è chi abusa della propria intelligenza; chi, di quella altrui.

*

Non esistono opere buone; esistono doveri.

*

Niente fa bene quanto far il bene.

*

La volontà, se non può tutto, può tutto il possibile.

*

Ci sono lussi che solo i poveri possono concedersi.

*

L'italiano non si batte: si schiera. Col più forte o con quello che ritiene tale.

*

A settembre, il mese che più amo, non penso mai a settembre.

*

Il matrimonio non ha mai reso felice nessuno, dando a tutti l'illusione di poterlo diventare.

*

L'unica cosa che capisco delle donne è che non le capirò mai.

*

È così distratto che, quando parla, vi chiede cosa sta dicendo.

*

Niente propositi: contano solo le azioni.

*

L'uomo si accontenta di poco non per frugalità e modestia, ma per pigrizia o impotenza.

*

È del futuro di una donna che bisogna esser gelosi, non del suo passato.

*

In amore, ottiene soprattutto chi finge di cedere.

*

L'ipocrisia è una virtù finché non si fa riconoscere.

*

Il tempo c'insegna tante cose, meno come farne buon uso.

*

Una donna brutta e seria è ancora più brutta.

*

Se nessuno ce lo invidiasse, il successo ci farebbe meno piacere.

*

La vita è troppo breve per esser giusta.

*

Anche gli eroi vanno di corpo, anche i santi fanno pipì.

*

Quante occasioni perde chi si sforza di vivere al di sopra della propria reputazione.

*

Se dico a qualcuno: "Non mi sento bene", e questi mi risponde: "Si vede", lo odio.

*

La lode sperticata ha di bello che non richiede troppe spiegazioni.

*

Nessun uomo annoierà tanto una donna come chi si è fatto sedurre dalle sue virtù.

*

La prima virtù di un grande uomo è dubitare della propria grandezza.

*

Cerca la solitudine soprattutto chi ha trovato se stesso.

*

L'esperienza non c'impedisce di ricommettere certi errori; c'impedisce solo di gustarli come la prima volta.

*

L'uomo si vergogna più dei propri difetti fisici che di quelli spirituali.

*

Una coppia che fa l'amore è ridicola. Soprattutto se non ride.

*

Penso al passato, e la nostalgia me lo fa confondere con il futuro.

*

Il sistema infallibile per morire improvvisamente è quello di sentirsi sempre bene.

*

Niente è meno disinteressato del disinteresse dichiarato.

*

L'uomo ha bisogno di Dio perché Dio lo ha creato. Per lo stesso motivo Dio ha bisogno dell'uomo.

*

Anche la virtù ha i suoi limiti, oltre i quali chi la possiede diventa insopportabile.

*

Nessuna donna si nega a un uomo per fedeltà al proprio. Se gli resiste è perché non lo trova abbastanza interessante.

*

Coltiviamo più il vizio che la virtù perché quello, più di questa, ci rende amabili.

*

Solo negli uomini di grande carattere, e in quelli che ne sono affatto privi, le opinioni diventano convinzioni.

*

La vicinanza dei medici mi fa paura quasi quanto la loro lontananza.

*

Quando con certe donne cominciamo ad annoiarci, vuol dire che le abbiamo capite.

*

Se l'uomo dice di rado quel che pensa, una ragione deve pur esserci.

*

Ci stanchiamo degli altri, ma l'idea che gli altri possano stancarsi di noi ci offende.

*

Il moralista, impegnato a predicare la virtù, difficilmente troverà il tempo di praticarla.

*

Quanto bene e quanto male si fa per caso.

*

In amore, la costanza, più che una virtù, è un blocco della fantasia.

*

Uno dei pochi aspetti belli della vita è che non conosciamo la data della morte.

*

Non c'è carica che dubitiamo di meritare. Se non la ricopriamo, è perché nessuno ce l'ha offerta.

*

Ci sono virtù – per esempio, la discrezione – che ci renderebbero tutto più facile. Se non le esercitiamo, è per il timore di sembrare meno importanti di quel che siamo.

*

Ci vuole coraggio ad aver coraggio.

*

Dio, all'uomo, dà speranze e non certezze perché, mentre quelle lo pungolano, queste lo paralizzerebbero.

*

L'avaro spende lo stretto necessario: il prodigo, tutto il superfluo.

*

Non c'è bisogno che chi aduliamo creda sincere le nostre adulazioni. Basta che non dubiti di meritarle.

*

Meglio far bene una piccola cosa che male una grande.

*

Ciò che più ci piace negli altri è l'interesse che mostrano per noi.

*

La fortuna che non ci ha favorito rende meno amari i nostri insuccessi.

*

Bisogna sempre essere se stessi, augurandosi che gli altri non ci riconoscano.

*

Parliamo indifferentemente male tanto di coloro di cui pensiamo male quanto di coloro che sospettiamo possano pensar male di noi.

*

L'ateismo è la religione di chi crede in un Dio che nega Dio.

*

La stessa donna che nuda, a letto, ama sentirsi dare della puttana, rivestita non tollera insinuazioni sulla sua virtù.

*

La vita: un ponte lanciato su un abisso.

*

Il pentito aiuta la giustizia rendendola meno giusta.

*

L'impulsività è l'impazienza dei deboli, degli sprovveduti, degli imprudenti.

*

Gli errori vanno riparati a tempo debito: la tempestività non nuoce meno della titubanza.

*

Quando un amore finisce, solo la nascita di un altro avrà il potere di riconciliarci con l'amore.

*

Guai ai vanti!

*

Meglio l'ingiustizia dei cinici che la giustizia dei fanatici.

*

C'è vento: i rami degli alberi s'inchinano per invitare gli uccelli a posarsi su di loro.

*

Se tutti gli uomini fossero uguali, vorrei essere una scimmia.

*

Niente mi fa tanto amare la vita quanto il timore di perderla.

*

Solo gli imbecilli vissero "felici e contenti".

*

Ci sono cose che non capisco perché non le capisco; cose che non capisco perché non voglio capirle; cose che non capisco perché non me le fanno capire; cose che non capisco perché non val la pena di capirle.

*

Le virtù ci rendono migliori; i vizi, soddisfatti.

*

La ricchezza non dà la felicità, ma la promette.

*

L'italiano ha coraggio solo in compagnia.

*

È facile amare la vita quando la vita ci ama.

*

Molti geni incompresi, una volta compresi, cessano di essere geni.

*

Le donne degli altri ci piacciono finché restano degli altri.

*

L'uomo, più è solo, più pensa a Dio.

*

La vita è fatta di grandi cose; la giornata, di piccole.

*

Rivedere una vecchia amante non sarebbe così spiacevole se la sua vista non ci ricordasse che siamo invecchiati anche noi.

*

Il moralista: più la sua predica è falsa, più il suo pulpito dev'essere elevato.

*

Far l'amore con la propria donna davanti allo specchio allevia il sacrificio della fedeltà.

*

Non è vero che l'uomo coraggioso non abbia paura. Ce l'ha, ma ha ancora più coraggio.

*

L'amante platonico è un impotente in alta uniforme.

*

La religione che si ritiene migliore e più vera delle altre è sempre una cattiva religione.

*

L'uomo ama la libertà a condizione di non doverla conquistare.

*

In un solo caso il successo altrui ci fa piacere. Se a beneficiarne siamo anche noi.

*

La differenza tra la Venere terrestre e quella celeste è che solo la prima ci concede i suoi favori.

*

"Conosci te stesso." Ma ne vale poi la pena?

*

L'affettazione è l'atteggiamento di chi, temendo di non essere abbastanza educato, lo diventa anche troppo, rendendosi ridicolo.

*

Le donne fanno bene a nascondere i propri difetti; malissimo a celare i loro vizi.

*

La nostra reputazione dipende da quello che diciamo non meno che da quello che teniamo nascosto.

*

Per chi ama, l'impossibile è più facile del difficile.

*

Nessuno crede all'uguaglianza, ma nessuno ha il coraggio di ammetterlo.

*

"Date a Cesare quel che è di Cesare." Ma lasciatemi sua moglie.

*

La gente semplice invidia quella complicata; la gente complicata, quella semplice. Non si è mai contenti.

*

Il cieco vorrebbe, ma non può vedere; l'innamorato potrebbe, ma non vuole.

*

La malizia è un'arguzia della cattiveria.

*

Libero non è chi fa ciò che vuole, ma chi fa bene ciò che deve.

*

La pazienza non è mai troppa. Ma solo per chi non la perde.

*

Più che farci conoscere un prodotto, la pubblicità deve farcelo desiderare.

*

Il bene fatto in silenzio vale certamente più di quello sbandierato. Ma quanto più pesa.

*

Il ricco che disprezza la propria ricchezza sembra addirittura più ricco.

*

L'adulazione riesce a farci pensare di noi stessi quello che mai oseremmo dire.

*

La bugia aiuta a vivere purché creduta.

*

Il tempo passa, eppure nessuno vorrebbe fermarlo, nell'illusione che il domani sia migliore dell'oggi.

*

Far il bene comporta spesso più seccature che sacrifici.

*

Saper attendere può anche essere una perdita di tempo.

*

Nessun uomo cade così in basso da non potersi risollevare, così come nessuno si solleva tanto in alto da non poter ricadere.

*

Sono le donne che a tutti i costi vogliono essere soltanto nostre, quelle che più facilmente ci buttano fra le braccia delle altre.

*

La popolarità la dobbiamo anche all'invidia dei nemici, tanto più accaniti quanto più ignorati.

*

Parlar bene di uno scrittore mi riesce difficile soprattutto se ha successo.

*

È più facile riparare i propri errori che riconoscerli.

*

Non basta capire. Bisogna anche far capire che abbiamo capito.

*

Ci sono peccati dai quali ci asteniamo solo per timore di non commetterli abbastanza bene.

*

Se la felicità non fosse fatta di attimi, diventerebbe un'abitudine. E non ce la godremmo più.

*

Nessuna donna riuscirà mai a farci dimenticare che ce ne sono tante altre.

*

Se l'uomo fosse nato buono, il mondo si sarebbe mortalmente annoiato.

*

Ciò che rende tollerabile la convivenza è il timore di un'altra convivenza.

*

Una donna che troppo a lungo si fa desiderare, o ha molto carattere o ha poco temperamento.

*

La prudenza è la più calcolatrice delle virtù.

*

Compito dell'uomo è cercare Dio guardandosi dentro.

*

Genio: chi capisce anche quello che non vorrebbe capire.

*

Sentendoci diversi dagli altri, il fatto che la giustizia sia uguale per tutti un po' ci dispiace.

*

Per quanto a lungo duri la vecchiaia, non dura mai abbastanza a lungo.

*

Accontentarsi di poco. Purché basti.

*

Il caratterino è capriccioso; il caratteraccio, scorbutico.

*

Quante ingiustizie sono state perpetrate al grido di "giustizia è fatta".

*

La verità non è un rischio minore della menzogna.

*

Aduliamo più per invidia che per stima.

*

Meglio condannare un trentenne a cinquant'anni di carcere che un ottantenne all'ergastolo. Mai togliere all'uomo la speranza.

*

Ho una buona opinione soprattutto di chi non conosco.

*

È sempre pericoloso capire una donna che vuol essere capita a tutti i costi.

*

L'uomo veramente giusto non giudica. O, se giudica, giudica anche se stesso. E, se condanna, condanna anche se stesso.

*

Se capisse quanta intelligenza gli manca, sarebbe più intelligente.

*

Dio ci salvi dai salvatori della patria.

*

Ad aspettare che altri facciano il loro dovere si perde solo tempo.

*

Per essere disordinati bisogna avere molto tempo da perdere.

*

Il dolore è più un castigo o un premio?

*

La gelosia è quel sentimento che vorremmo ispirare a una donna che ci piace, mezz'ora dopo averla conosciuta.

*

La fede ha creato più martiri che uomini buoni.

*

Quando finalmente trovò se stesso, non si riconobbe più.

*

Ci sono donne di spirito e donne di corpo.

*

Confido nella sua cattiva stella.

*

Più che possedere, l'avaro vuole conservare.

*

Ci piace chiedere favori soprattutto a chi potrà un giorno ricambiarli.

*

Le banalità dette con supponenza riscuotono sempre credito presso gl'imbecilli.

*

Il poligamo chiede comprensione: "Sono un padre di famiglie."

*

Non sa quel che fa, ma come lo fa bene!

*

Si pensa col cervello, ma si sogna col cuore.

*

"Più della metà della cultura moderna – diceva Oscar Wilde – si fonda su ciò che non si dovrebbe leggere." L'altra metà – diciamo noi – su ciò che non si è letto.

*

Il potere non rende l'uomo più grande: gliene dà solo l'illusione.

*

Per i forti la solitudine è l'asilo dell'anima; per i deboli, l'esilio.

*

Dio non ha fatto l'uomo né giusto né giustiziere, eppure l'uomo s'arroga il diritto di essere questo e quello.

*

Si rischia meno a credere alle cose che alle persone.

*

Ciascuno è ciò che vale.

*

Mi sento così bene che temo di star male.

*

Ci fidiamo sempre volentieri di chi ci adula.

*

Le nostre cattive maniere complicano la vita agli altri, semplificandola a noi stessi.

*

La vita è degna d'esser vissuta quando ci sfida, non quando ci blandisce.

*

Solo immaginandola migliore, si può migliorare l'umanità.

*

Se non credessi in Dio, non sarei mai nato.

*

Rendono grande un uomo più le sue intuizioni che le sue certezze.

*

Il mio coraggio è un ormone, non una virtù.

*

Le sofferenze che Dio c'infligge non solo le meritiamo, ma siamo anche in grado di sopportarle.

*

Se la giovinezza tornasse, non ci troverebbe più.

*

La vita. Sebbene non ne abbia ancora afferrato il senso, ho capito che ne ha uno straordinario.

*

C'è gente così stupida che ti fa dubitare che lo sia davvero.

*

Se davvero il mondo fosse un caso, la morte potrebbe non essere ineluttabile.

*

Più che scomode, le virtù sono noiose.

*

Superuomini si nasce; grandi uomini si diventa.

*

L'agnostico sta all'ateo come l'amorale all'immorale.

*

Amiamo il successo anche per esser invidiati da chi non lo ha.

*

Se la giustizia umana fosse davvero tale, non avremmo bisogno di quella divina.

*

Chi nega che la fortuna sia cieca, non conosce gl'imbecilli che essa favorisce.

*

Il caso è la più imperscrutabile e prodigiosa delle necessità.

*

Ci sono dolori nei quali, più ci s'immerge, meno si soffre.

*

Chi non crede in niente, non può credere in se stesso.

*

Nulla turba tanto un matrimonio quanto una sola infedeltà.

*

L'invidia è una stima maledetta.

*

Non riuscirei ad essere ateo neppure se Dio non esistesse.

*

L'amore fonde. Il matrimonio lega e poi incatena.

*

L'intellettuale italiano ama la protesta, ma più ancora ama il potere di chi la provoca.

*

Volete conoscere una donna? Guardatela, studiatela, ma non interrogatela.

*

Chi si sposa per sistemarsi sarà sempre un disadattato.

*

Più che la Verità, il giudice deve cercare le verità, perché ogni uomo ha la sua.

*

Giovane non pensavo alla morte, ma, se ci pensavo, l'idea mi atterriva più di quanto mi atterrisca oggi.

*

È facile condannare negli altri quelle cattive azioni che noi stessi avremmo forse compiuto se ci fossimo trovati nei medesimi frangenti.

*

Ci sono donne che riescono a farsi amare solo quando tradiscono.

*

All'uomo giusto preferisco quello buono.

*

Due piatti, per la bilancia della giustizia, sono pochi. Il torto non è, infatti, mai tutto torto, la ragione tutta ragione.

*

Solo chi mi conosce male parla bene di me.

*

In Italia si compra un libro non perché piace, ma perché non lo si capisce.

*

È morto col sorriso sulle labbra. Altrui.

*

Un politico che dice tutto non combinerà mai niente.

*

È la paura della morte che rende esaltante l'avventura umana.

*

La pace dei sensi è il primo passo verso quella eterna.

*

La grandezza di Dio è la sua indecifrabilità.

*

La cotta sta all'amore come la cavatina al melodramma.

*

La moralità di una donna consiste nel credere profondamente alle proprie menzogne.

*

La peggior condanna inflitta da Dio all'uomo è quella di farlo giudicare da altri uomini.

*

Perché ci si sposa? Ma allora: perché si nasce, perché si muore?

*

Un buon marito deve saper comandare a se stesso di ubbidire alla moglie.

*

Prima di confessare i nostri difetti, assicuriamoci di essercene liberati.

*

Ci sono donne così bugiarde che, quando dicono la verità, non ci credono neppure loro.

*

La donna ama il segreto, purché questo non metta a tacere la sua vanità.

*

Il guaio è che, quando vorremmo che cominciasse, la gioventù è già finita.

*

Dio perdona, ma non fa sconti.

*

Quando un adulterio va confessato? Quando si è certi che non sarà creduto.

*

Ci si sposa per amore. E per amore – di un'altra o di un altro – ci si divide.

*

In amore, i rischi maggiori – e il matrimonio è quello più grande – li corre soprattutto chi sa ciò che vuole.

*

È più facile perdonare una donna quando ha torto e noi ragione, che quando lei ha ragione e noi torto.

*

La differenza tra il misantropo e il misogino è che il primo non ama gli uomini, e il secondo conosce le donne.

*

Amare una sola donna è un dovere; desiderarne tante, un piacere.

*

La vera giustizia presuppone la vera uguaglianza, che è un'utopia.

*

Per conoscere a fondo una donna, bisogna averne conosciute superficialmente tante.

*

Si può essere fedeli per abitudine, per pigrizia, per orgoglio, per pregiudizio, per frigidità, per caso.

*

Niente, per chi ama, è più reale dell'illusione.

*

Sono più infedeli gli uomini o le donne? Gli uomini con le donne.

*

Il peggior dispetto che un marito possa fare all'amante della moglie è incoraggiarlo.

*

La donna fedele ha comunque meno *chances* di quella infedele.

*

Solo la donna veramente bella può permettersi il lusso della fedeltà.

*

Chi si sposa, capirà; chi non si sposa, ha già capito.

*

La migliore dimostrazione che l'amore non può durare viene dal matrimonio.

*

Perché chiedere a qualcuno di amarci tutta la vita dal momento che questa è così breve?

*

Alle donne gli uomini piacciono un po' mascalzoni. Saranno così più tentate di beatificarli.

*

Se davvero amassimo l'altra persona per quel che è, i matrimoni sarebbero eterni.

*

All'amante la donna deve chiedere solo quello che il marito non è più in grado di darle, o che si è stancato di prometterle.

*

Nessun uomo conosce la propria amante meglio di come potrebbe conoscerla la propria moglie.

*

Premi letterari: chi lo dà, lo aspetti.

*

Nulla insospettisce tanto un uomo quanto l'indifferenza della propria moglie verso la propria amante.

*

Finge di capire così bene che, alla fine, qualcosa capisce.

*

Quando si dice che la felicità è fatta di niente, ci si riferisce sempre a quella altrui.

*

Ci sono colpe che nessun giudice umano dovrebbe mai condannare.

*

I princìpi stanno ai pregiudizi come i raggi del sole ai fuochi fatui.

*

Se si parla tanto di matrimonio, vuol dire che non se ne può far a meno. O che sarebbe finalmente ora di farne a meno.

*

Una donna, per esser giudicata onesta, deve saper mentire.

*

L'uomo ama tanto se stesso anche per il timore – del resto, fondato – che gli altri non lo amino abbastanza.

*

Il miglior consiglio che posso dare ai giovani è quello d'invecchiare.

*

Il carattere ci guida; il temperamento ci lancia.

*

Si è giovani una volta sola, ma anche una volta sola si è maturi, una volta sola vecchi.

*

"Ama il prossimo tuo come te stesso." Ma non aspettarti di essere ricambiato.

*

Quando un amico ci chiede di capirlo, ci chiede di capirlo; quando ce lo chiede una donna, ci chiede tutto.

*

Nessuno è veramente grande se la sua coscienza non lo giudica tale.

*

Il debole serve il potente con lo stesso zelo con cui lo schernirà se cadrà in disgrazia.

*

Spesso e volentieri i buoni princìpi albergano in cattivi caratteri.

*

Il trasformismo, in politica, altro non è che aggiornamento delle proprie ipocrisie.

*

L'amore fa di noi quello che, altrimenti, non saremmo mai diventati.

*

Si corrono meno rischi a confessare un'infedeltà che a minacciarla.

*

Le passioni del giudice non mi fanno meno paura di quelle del giudicato.

*

Nessuno ci annoia più facilmente del noioso.

*

Limitiamo certi vizi sperando di poterli conservare.

*

La differenza tra la moglie e l'amante? Nessuna: tutt'e due, a un certo punto, ci faranno desiderare una terza donna che non incontreremo mai.

*

Una religione, quando diventa di stato, cessa di servire la coscienza per sottomettersi al potere.

*

Meglio il matrimonio, perchè l'uomo sposato subisce comunque meno pressioni dello scapolo.

*

La differenza tra l'amante e l'amichetta è che la prima costa, la seconda distrae.

*

La donna ideale esiste solo per chi non conosce le donne. Come l'uomo ideale, solo per chi non conosce gli uomini.

*

L'amore? Finché lo si desidera, un sogno; finché dura, un'estasi inquieta; quando finisce, nel migliore dei casi un ricordo, nel peggiore un incubo.

*

Non c'è vera riconoscenza senza il sacrificio dell'orgoglio.

*

L'ambizione ci fa guardare lontano, ma è solo la volontà che lontano ci fa andare.

*

L'aldilà: più ci penso, più mi è difficile immaginarlo.

*

Perché ho paura di morire? Se lo sapessi, ne avrei certamente meno.

*

C'è chi cambia continuamente idea per volubilità, chi per ostinata curiosità.

*

I sogni irrealizzati m'inseguono. Ma non mi raggiungeranno più.

*

C'è in noi *tutto* e il contrario di *tutto*. L'importante è che ci sia *tutto*.

*

Per il malato immaginario, la peggior disgrazia è la guarigione.

*

L'inferno è dentro di noi e le sue fiamme sono i nostri rimorsi.

*

I potenti guardano in alto non per chiedere ispirazione a Dio, ma perché credono di potersi sostituire a Lui.

*

Nemmeno la pace eterna ci sottrae alla misteriosa e imperiosa legge dell'evoluzione.

*

Per abbracciare Dio non c'è bisogno di comprenderlo.

*

Le condanne "esemplari" sono la prerogativa dei tribunali speciali.

*

Non basta credere in Dio. Bisogna comportarsi in modo che Dio creda in noi.

*

La disciplina è la volontà di essere se stessi.

*

E se Dio ci punisse più per il bene non fatto che per il male commesso?

*

Quanti uomini sono giusti solo per i loro amici e per i loro complici.

*

Dio c'è, ma non osa presentarsi, temendo che l'uomo non lo riconosca.

*

Sono le idee confuse che danno entusiasmo ai giovani.

*

Libero arbitrio: Dio ci guarda attraverso la serratura della nostra coscienza, di cui ci ha dato la chiave. Chiave che usiamo a nostra discrezione.

*

Perché domandarsi se Dio esiste dal momento che esiste l'uomo?

*

Niente, più del successo, lava e assolve le colpe del potere.

*

La differenza tra un cattivo giudice e uno buono è che il primo si limita a giudicare e a condannare, mentre il secondo cerca anche di capire. E questa è già una forma di perdono.

*

Quanto più l'uomo riesce a soggiogare altri uomini, tanto più scema il suo potere agli occhi di Dio.

*

L'uomo che picchia una donna non è meno ridicolo dell'uomo che da questa è picchiato.

*

L'uomo latino è fedele al matrimonio; quello anglosassone alla moglie.

*

Il potere può resistere a tutto meno che a un risveglio della coscienza.

*

La fede arriva alla verità attraverso il dubbio.

*

L'idealismo, che è la fede dei giovani, alimenta le illusioni. Il realismo, dono invece della maturità, le toglie, instillando certezze; esso c'insegna a vivere, privandoci del piacere di sognare.

*

A volte, più si teme la morte, più la si cerca.

*

Quando il conformismo si fa necessità, la democrazia diventa regime.

*

Problematica: il complesso di problemi che non si ha alcuna voglia di risolvere.

*

La natura castiga la rosa insuperbitasi, facendola appassire.

*

La furbizia è un surrogato truffaldino dell'intelligenza. Se questa riscuote più credito, quella ottiene più successo.

*

Felici, o meno infelici, si nasce. Grazie a quell'ormone chiamato ottimismo.

*

Il perbenismo è il galateo della falsa virtù.

*

I giovani non dovrebbero mai invecchiare. I vecchi, mai cercar di ringiovanire.

*

L'euforia è uno starnuto della felicità.

*

Se avesse davvero qualcosa d'importante da fare, non lavorerebbe tanto.

*

La verità non basta amarla; bisogna anche cercarla, trovarla, servirla.

*

Ciò che più mi piace nei giovani è la forza che sanno dare alle più assurde utopie.

*

Divora tutto quel che gli offrono: vive infatti alla portata.

*

Lui e lei possono essere felici non solo se si amano, ma anche se lei, corrisposta, ama un altro, e lui, ugualmente ricambiato, un'altra.

*

Dio, se ci sei, non tormentarmi più con questo interrogativo.

*

La grande forza della fede è l'abbandono dell'uomo ai suoi misteri.

*

Nessuno è totalmente colpevole come nessuno è totalmente innocente.

*

La sete di potere distrae l'uomo dai suoi grandi doveri.

*

Dio sarebbe uguale con tutti se tutti fossero uguali con lui.

*

Guardate i potenti: non hanno occhi che per questo mondo, di cui si credono i dominatori mentre non ne sono che i *clown*.

*

Un ateo può essere idealista (Machiavelli, per esempio). Ma come può un idealista essere ateo?

*

Il testardo batte la testa; il perseverante la usa.

*

Anche se non conosciamo il nostro destino, l'abbiamo comunque meritato. Solo accettandolo, possiamo vincerlo. La rassegnazione attiva è la virtù dei forti.

*

Quanta indifferenza in tanto bene disinteressato.

*

Ho sognato che dormivo, e per la sorpresa mi sono svegliato.

*

Ci si pente più facilmente di aver detto la verità che la menzogna.

*

Il destino non punisce l'uomo: si limita a presentargli il conto delle sue cattive azioni.

*

Gli scrupoli sono i gendarmi della coscienza.

*

Le questioni morali, con le conseguenti cacce alle streghe, sono la grande risorsa delle democrazie corrotte, bisognose di capri espiatori cui addossare le proprie nefandezze.

*

A volte, il successo dei nemici ci dispiace meno di quello degli amici.

*

La donna che tradisce col pensiero difficilmente resta incinta.

*

In Italia le dimissioni si chiedono, non si danno.

*

Il matrimonio finisce quando lui e lei si guardano negli occhi solo per litigare.

*

Viviamo per noi stessi. E anche male.

*

Gli amori eterni esistono. Peccato che non durino.

*

Nessuno è così intelligente da dire di un altro: "È più intelligente di me."

*

Sogna a occhi aperti solo perché non ha mai sonno.

*

Fa grande un uomo più il suo cuore che il suo cervello.

*

Peccato che certi giudici Dio li giudicherà solo quando saranno al suo cospetto.

*

L'avaro piange il morto senza mai seppellirlo.

*

Ah, se i posteri facessero per noi quel che noi fingiamo di fare per loro!

*

Chi cerca moglie, sarà trovato.

*

La virtù ha questo di buono: è rara.

*

Tutto passa. E, purtroppo, talvolta ritorna.

*

La vera religione è la nostra buona coscienza.

*

Dio è l'uomo quando pensa a Dio.

*

I più si sposano perché si amano. Pochi perché si conoscono.

*

L'intellettuale italiano si butta soltanto se sotto c'è la rete. Non sfida mai il vuoto.

*

L'uomo ha bisogno soprattutto di se stesso.

*

Ciò che rende grande un uomo sono le virtù che il successo gli ha attribuito.

*

L'amore non ammette paragoni perché va oltre ogni paragone.

*

Più che in Dio, l'italiano crede nei miracoli.

*

C'è un successo che si fonda sul merito e uno sulla fortuna. Il primo dura di più; il secondo costa di meno.

*

L'amore di gruppo, più che amore, è ricerca.

*

Dite, per adularlo, all'uomo più ingiusto che è il più giusto, e lui non dubiterà di esserlo.

*

Com'è difficile per chi è serio diventare serioso, e per chi è serioso farsi serio.

*

Non ha mai creduto in niente, ma fingendo di credere in tutto, ha finito col credere in qualcosa (che cosa, non lo sa nemmeno lui).

*

Le gioie del matrimonio finiscono col matrimonio.

*

La vita di tutta l'umanità non vale la nostra.

*

Per chi scrive esser chiaro è un dovere, per chi legge è un diritto capire.

*

Rinascere non mi sgomenta meno che vivere in eterno.

*

Nulla al mondo costa di più, e rende di meno, della devozione di una donna.

*

Il dolore ci fa scoprire tesori che il piacere non scoprirebbe mai.

*

Dio, pur non avendo bisogno di amare nessuno, ama tutti. L'uomo ha bisogno di Lui, anche se di Lui si ricorda solo quando soffre. E non per amarlo, ma per riceverne conforto e aiuto.

*

Il dolore è un castigo solo per chi non sa affrontarlo, traendone il giusto, salutare insegnamento.

*

Fra una promessa fatta bene e non mantenuta e una fatta male e onorata, quasi quasi preferiamo la prima.

*

Ciò che più invidio in certi intellettuali rossi è il fatto che riescono sempre a farsi pagare in nero.

*

La morte è un salto nel buio. Come la vita.

*

Il progressista ha la testa piena di utopie in cui finge di credere.

*

Il bene che facciamo agli altri non ci dispensa dal farne a noi stessi.

*

Il popolo è assetato di miracoli, di scandali, di sesso, e di vecchie novità.

*

L'amore non è mai disinteressato. Ma guai a dirlo, o anche solo a pensarlo.

*

Oggi non ho voglia di niente. Ieri non avevo voglia di nient'altro.

*

L'italiano sta col vincitore solo perché vincitore, indipendentemente dalla bontà della causa per la quale questi si è battuto.

*

Le illusioni ci aiutano a vivere. Le delusioni, a morire.

*

Chi pensa troppo al futuro, perde di vista il presente e dimentica il passato.

*

Un solo Dio mi basta.

*

L'amore fa miracoli. Come l'odio. Dei miracoli di quello siamo i beneficiari; di questo, le vittime.

*

Ci sono consigli che valgono un tesoro, ma la più piccola somma di denaro ci è più gradita del consiglio più prezioso.

*

La morte di un amico ci fa perdere un amico. Quella di un nemico, il piacere di odiarlo.

*

La pietà compiaciuta è una delle più subdole forme di egoismo.

*

La mia scomparsa: poche righe sui giornali, poche parole alla radio e alla televisione. No: non muoio.

*

La disciplina è soprattutto rinuncia alle cattive abitudini.

*

Fra le braccia di quante donne vorremmo essere di un'altra.

*

L'uomo pensa troppo a se stesso e troppo poco su se stesso riflette.

*

L'altruismo ci fa conoscere Dio.

*

L'amore infiammato dalla rabbia produce la passione.

*

La vita è tutto; la vita è qualcosa; la vita è nulla.

*

Quando ci accorgiamo che l'amore sta finendo, è già finito.

*

I coetanei non dovrebbero mai morire. Niente, infatti, più della loro morte, ci fa pensare alla nostra.

*

Per l'omosessuale, fra Adamo ed Eva uno è di troppo.

*

L'uomo è pieno di risorse perché piena di risorse è la natura.

*

Il male che facciamo non può restare impunito perchè la nostra coscienza è un detective, un giudice, un carnefice implacabile.

*

Se l'amore fosse eterno, eterno sarebbe anche l'odio.

*

Il passato che meno ricordo è quello che più mi ha fatto sognare.

*

Dio sono io, e Dio lo sa. Non è una bestemmia: è un atto di fede.

*

L'uomo nasce all'alba, muore al tramonto, e la notte riposa.

*

Nessuno è così stupido – o così povero – da non trovare uno più stupido – o più povero – di lui.

*

Com'è facile pensare a se stessi, e com'è difficile trovare se stessi.

*

Non c'è educazione senza ipocrisia come non c'è maleducazione senza volgarità.

*

Non crederei ai miracoli neanche se li facessi io.

*

Finché non viene scoperto, l'adulterio è un'arte. Poi, diventa una scienza.

*

A infondere coraggio civile all'italiano è il falso coraggio di tanti altri italiani pusillanimi come lui. È un coraggio fatto d'infinite viltà.

*

Tradire una donna che, non più corrisposta, ancora ci ama, è più pericoloso che tradire una donna che, riamata, ci ama.

*

"E pensare che ieri era vivo" si dirà anche di noi.

*

Niente mi toglie più coraggio dell'esortazione a farmi coraggio.

*

All'entusiasta manca la prudenza. Al cinico, la speranza.

*

Giovinezza: il dono più bello fatto da Dio all'uomo. Ma anche il primo di cui il Creatore si sia pentito.

*

Cosa ci riserverà il futuro? Un altro passato.

*

Le donne si fanno guardare negli occhi solo quando mentono.

*

Nessuno mi capisce. E io mi confondo.

*

"I siciliani sono arabi sofisticati." Bellissima.

*

Il Caso non esiste. Se esistesse, sarebbe per puro caso.

*

Intuito è il nome che diamo all'intelligenza altrui.

*

A vent'anni si può essere più cretini che a ottanta, ma è più facile essere rimbambiti a ottanta che a venti.

*

La forza crea, la violenza distrugge.

*

Perché è così difficile abbracciare Dio? Perché due braccia non bastano.

*

Il grande nemico dell'uguaglianza è l'egualitarismo.

*

Il senso di liberazione che ci procura il frettoloso congedo di un cameriere cui non abbiamo dato la mancia; e l'imbarazzo che proviamo dopo avergliela data.

*

Ci sono realtà – l'amore corrisposto, ad esempio – che ci fanno sognare più dei sogni.

*

Di quando ero giovane ricordo soprattutto la voglia d'invecchiare.

*

Anche in amore la complicità non esclude reciproci inganni.

*

Il matrimonio è un regolamento di conti da pagare a rate. Interminabili.

*

Si è giovani una volta sola, ma ce ne accorgiamo solo quando non lo siamo più.

*

Il radical-chic è un gagà ideologico al servizio di rancide utopie progressiste.

*

Non c'è bugia ben detta che, opportunamente ripetuta, non diventi più vera di qualunque verità. Non per questo bisogna mentire.

*

Purifica l'uomo più la sofferenza cosciente o quella che schiaccia la ragione?

*

Solo Dio potrebbe mutare il corso del nostro destino, ma se lo facesse, non sarebbe più preveggente.

*

Se non avessi la certezza di rinascere, non sarei mai nato.

*

Neanche l'ipocrisia riesce a rendere felice un matrimonio.

*

La morte non dipende da noi, ma da noi dipende il modo di affrontarla.

*

Adulare: attribuire agli altri tutto il bene che pensiamo di noi stessi.

*

La morte è terribile, almeno quanto lo era la vita prima che nascessimo.

*

Dio ci ama facendosi amare.

*

Morire fra le braccia di una donna è il miglior salvacondotto per il paradiso.

*

Ah, se la bontà ci aiutasse a vivere come la fede ci aiuta a morire!

*

Lo scettico dubita, il cinico nega.

*

Si muore d'amore, ma si muore anche della noia che l'amore finito procura.

*

Ci sono momenti in cui vorrei essere migliore di come sono; altri in cui vorrei essere peggiore; altri ancora in cui vorrei essere come sono.

*

L'intransigenza di tanti moralisti è direttamente proporzionale alla labilità delle loro convinzioni morali.

*

C'è più Dio in una foglia che in tutte le Sacre Scritture.

*

L'uomo difficilmente sa vivere da solo, ma anche difficilmente sa vivere in compagnia, soprattutto se questa dura a lungo. Non sa vivere da solo perché la solitudine lo fa pensare alla morte; non sa vivere in compagnia perché non vuol rinunciare alle proprie abitudini e accettare quelle altrui.

*

Guardiamo il cielo stellato e non facciamoci più domande.

*

L'italiano è abbastanza furbo per far fesso un altro, ma non abbastanza per evitare che un altro faccia fesso lui.

*

A una donna si può chieder tutto, a condizione che poi non lo rivoglia indietro.

*

Il vero potere è l'apparente indifferenza al potere.

*

La donna intuisce ciò che l'uomo capisce.

*

C'è chi, per rifarsi la verginità, è pronto a perdere il pudore.

*

Gli uomini fedeli e le donne fedeli raramente si sposano fra di loro. Per il timore di annoiarsi.

*

Per essere felici non bisogna pensare troppo alla felicità altrui.

*

Talvolta, ciò che rende serio un uomo è il suo sorriso.

*

L'italiano si schiera col più forte non perché pensa come lui, ma perché teme che qualcuno s'accorga che la pensa diversamente.

*

Chi dice che la politica è un'arte, non ha mai visto all'opera i nostri governanti.

*

L'uomo, così bugiardo con se stesso, come può essere sincero con gli altri?

*

La sincerità è una forma di moralità.

*

Come ci si dimentica facilmente di quegli amici di cui non abbiamo più bisogno, ma che ancora hanno bisogno di noi.

*

Diciamo spesso con più convinzione le cose che non pensiamo di quelle che sentiamo.

*

Nella rassegnazione c'è fede; nell'indifferenza, cinismo.

*

La prima virtù dei nostri moralisti è l'ambizione.

*

La morte mi abbraccerà o m'inghiottirà?

*

Di sincero, la riconoscenza ha solo il primo slancio. Poi diventa una menomazione dell'orgoglio.

*

Il cervello ci fa intuire Dio, ma solo il cuore ce lo fa sentire.

*

Ci sono uomini così vigliacchi che preferiscono ingraziarsi i persecutori piuttosto che solidarizzare con i compagni di sventura. Sembra che abbiano un solo desiderio: farsi perdonare colpe mai commesse da chi fraudolentemente gliele ha attribuite.

*

Est modus in rebus: se la mia donna mi tradisse più spesso, la denuncerei per adulterio.

*

Quanti grandi uomini diventano piccoli allorché si mette alla prova la loro grandezza.

*

La pioggia sculaccia le foglie sino a farle piangere.

*

La fortuna strizza l'occhio a tutti, ma si fa sedurre solo dai più audaci.

*

Quando lei si lavava i denti, lui capiva che andava dall'amante.

*

Col successo Dio non ci premia: ci sperimenta, ci sfida.

*

Una donna vi resiste o perché non le piacete o perché le piacete troppo o perché piacete a un'altra. In tutt'e tre i casi, vi conviene insistere.

*

Niente, più dell'amore che crediamo eterno, vive alla giornata.

*

Il giudice che condanna un innocente o è convinto della sua colpevolezza, o è ancora più colpevole della vittima.

*

I giovani guardano al futuro come i vecchi al passato. I primi con speranza, i secondi con nostalgia.

*

La differenza fra il testardo e il perseverante è che il primo è incalzato dalla passione, il secondo guidato dalla ragione.

*

La massa non vuol esser amata, ma sedotta.

*

La cultura ben digerita ci dà il senso della nostra limitatezza; quella mal digerita ci fa presumere una nostra superiorità.

*

Se volete distruggere un uomo colpevole di un piccolo delitto, addossategliene cento grandi.

*

Temo più un codardo innocente che un audace colpevole.

*

L'italiano non crede in niente, neppure in se stesso, se questo può tornargli utile.

*

Preferisco essere felice che infelice, ma anche quando sono felice, sono un po' infelice.

*

La vita passa, e forse passa anche la morte.

*

Enfatizzando sentimenti e ideali, la retorica finisce con lo svalutarli.

*

L'italiano crede cecamente in ciò in cui finge di credere la maggioranza.

*

Niente è più pericoloso e imbarazzante che far sognare una donna che non amiamo.

*

Il favore inatteso di un nemico ci dà un piacere maggiore di quello che ci procurano i favori costanti di un amico. Preferiamo infatti essere graditi a chi ci ha nociuto, e ancora potrebbe nuocerci, che a chi ci ha giovato, e ci giova.

*

Preferisco le speranze alle certezze.

*

La morte: perdita d'identità o solo di generalità?

*

L'amore ci fa chiudere gli occhi spalancandoci il cuore.

*

La bellezza, per una donna, non è tutto solo quando comincia a sfiorire.

*

Chiedere a una donna ciò che spontaneamente ci concederebbe, è come pagare il biglietto a teatro avendone in tasca uno omaggio.

*

Dell'uomo, la donna conosce più facilmente ciò che è utile di ciò che è importante; della donna, l'uomo conosce più facilmente ciò che essa vuol sembrare di ciò che realmente è.

*

Il conformismo ha un'ottima alleata nella mediocrità.

*

L'uomo è nato per soffrire. E ci riesce benissimo.

*

Le promesse si possono anche non mantenere, a condizione che chi le ha ricevute le abbia dimenticate.

*

Le foglie sono morte e il bosco piange versando lacrime di rugiada.

*

Solo il calcolo, la poca memoria o la compiaciuta aspirazione alla bontà potranno indurci a perdonare chi ci ha offeso.

*

Il bacio: un delizioso morso del cuore.

*

Con i potenti non ci annoiamo, impegnati come siamo ad adularli per entrare nelle loro grazie.

*

Un giudice può anche sbagliare, ma solo la buona fede ne riscatta gli errori.

*

L'uomo sogna quel che desidera non meno di quel che teme.

*

In vecchiaia, i frutti della vita non devono avvizzire ma maturare.

*

La fortuna ama i colpi di testa e di scena.

*

A Dio dovremmo chiedere solo quello che siamo disposti a dare ai nostri simili.

*

La vita non è niente o, peggio, è una farsa solo per chi non sa soffrire. E saper soffrire non significa cercare il dolore – che sarebbe da stolti masochisti – ma accettarlo. Il dolore è una mola su cui l'uomo deve affilare la propria anima e il proprio spirito, smussandone le asperità.

*

Il progressismo è la retorica del progresso.

*

Siamo un popolo di eroi senza coraggio, di santi senza fede, di poeti senza vena, di navigatori senza bussola.

*

La morte è un esame di ammissione a una vita superiore di cui ignoriamo corsi e durata.

*

Il male che facciamo, dal momento che lo facciamo, non è più involontario. È la nostra coscienza, e un po' anche la nostra volubilità, a farci poi condannare le cattive azioni, di cui il rimorso è l'ineludibile, fatale castigo.

*

La devozione è un'ubbidienza contrassegnata da un compiaciuto sentimento d'inferiorità.

*

Un matrimonio finisce quando non si ha più niente da dire, o quando se ne ha ancora molto, ma se n'è persa la voglia.

*

In amore, come in politica, il tradimento è una forma di legittima difesa.

*

Guardo i giovani come vorrei che i giovani guardassero me.

*

Tradire una donna che ci tradisce non è tradimento, ma sana emulazione.

*

Di chi potrebbe esserci utile, preferiamo diventare complici più che amici.

*

La giustizia invocata dai moralisti porta all'inquisizione e ai roghi.

*

L'uomo e la donna non sono mai così potenzialmente nemici come quando si amano.

*

L'uomo, per conoscersi, deve guardarsi dentro. Alla donna basta farsi guardare.

*

Ci sono uomini così fatui che possono esser giudicati solo dalle apparenze.

*

Il destino ci riserva solo quel che abbiamo meritato.

*

Un politico che mantiene le promesse sarà più un politico onesto che un buon politico.

*

L'uomo vive alla giornata aspirando all'eternità.

*

Chi ci dice che la morte non abbia cuore?

*

Di un uomo invidiamo più il successo che i meriti, forse perché raramente attribuiamo quello a questi.

*

La convivenza rende insopportabili perfino le virtù.

*

Fino ai cinquant'anni, l'uomo alla donna chiede passione. Dopo, devozione.

*

Niente fa più invecchiare della fine di un grande amore.

*

Il sesso non è tutto, ma senza il sesso tutto è niente.

*

Difficilmente gli altri immaginano quello che gli chiederemmo se fossimo certi di ottenerlo.

*

Ognuno ha un suo Dio. Che è uguale per tutti.

*

Un politico può anche essere bugiardo, ma al momento della menzogna dev'essere creduto.

*

La severità con cui giudichiamo gli altri è dovuta al fatto che attribuiamo loro più passioni e vizi che sentimenti e virtù.

*

"Tutto è relativo." È anche più comodo.

*

Tradire gli ideali all'italiano non costa nulla, perché in quelli che sbandiera è il primo a non credere.

*

Amiamo gli altri cercando di guadagnarcene più la riconoscenza e la protezione che la stima.

*

Mai chiedere a una donna infedele se ci ha tradito. Se ci dirà di sì, ci farà soffrire; se ci dirà di no, si sentirà bugiarda, e a soffrire, forse, sarà lei.

*

Ci fanno amare la vita più i suoi piaceri che la paura della morte.

*

Se dopo la mia morte parleranno ancora di me, mi sentirò quasi vivo.

*

Ciò che rende insopportabili certe virtù è la scarsa fantasia di chi le possiede.

*

Essersi amati tutta la vita non significa necessariamente essersi capiti.

*

Niente fa tanto progredire l'uomo quanto l'espiazione dei suoi peccati.

*

Nella gelosia c'è più amor proprio che amore; nella possessività, più egoismo che passione.

*

Il ricattatore offre non per donare ma per togliere.

*

L'italiano non vota mai per un'idea, ma per l'idea che s'è fatto di questa idea, e solo se ne trae vantaggio.

*

Non è vero che il politico sia senza cuore: ne ha tanti, ma nessuno batte.

*

Solo Dio, che è carità infinita, poteva far l'uomo a propria immagine e somiglianza.

*

Troppe cose ci turbano perché a troppe cose diamo importanza.

*

La donna che a letto vuol essere rispettata non merita d'essere portata a letto.

*

Fuori del dolore non c'è certezza.

*

La Fortuna, figlia del Caso, soccorrendo i bisognosi, diventa figlia della Provvidenza.

*

Passiamo la vita immaginando come la vorremmo, senza far nulla, o non abbastanza, per cambiarla.

*

Le poche donne che ho capito o erano sublimi o erano banali.

*

I sogni, usciti dal cassetto, finiscono nel cestino dei rifiuti.

*

Le donne che più rendono difficile la vita a un uomo sono quelle che dicono di vivere per lui.

*

Una donna che piange è una sfida. Un uomo che piange, una resa.

*

Quel che l'uomo pensa della donna prima di andare a letto con lei, non è mai quel che ne pensa dopo.

*

Far l'amore quando non se ne ha voglia è come purgarsi quando non se ne ha bisogno.

*

Ci sono donne che preferiscono sentirsi dire "ti amo" che essere realmente amate.

*

Sono le domande alle quali non sapremo mai dare una risposta quelle che dovremmo porci più spesso. È un esercizio che tiene allenati lo spirito e la fede.

*

Quanta perfezione divina nell'imperfezione umana.

*

Le donne che tradiscono solo per amore sono mostri senza fantasia.

*

La vanità, quanto più ci consola, tanto più ci rende insopportabili.

*

Ciò che più mi piace in una donna è la dedizione ai miei capricci.

*

Destino: ineluttabile naufragio o sublime navigazione?

*

Solo immaginando Gesù come un uomo qualunque, riesco a credergli.

*

"Il primo amore non si scorda mai." Soprattutto se non corrisposto.

*

I giovani non sanno quel che vogliono. Come, del resto, molti adulti. Con la differenza che i primi lo vogliono di più.

*

Dio ci ha dato due occhi: uno per guardar avanti; uno per guardar indietro; tutt'e due per guardar in alto: Lui, Dio.

*

Non basta ritrovare un amore perduto. Bisogna anche riconoscerlo.

*

La speranza ci offre illusioni e certezze senza dirci quali siano queste e quali quelle.

*

Il cielo infreddolito s'ammanta di una coltre di nebbia.

*

Salvo eccezioni, i rivoluzionari, più che migliorare il mondo, vogliono cambiarlo; più che cambiarlo, conquistarlo; più che conquistarlo, asservirlo.

*

L'unica fedeltà sopportabile è quella allo stesso tipo di donna.

*

I piccoli assassini fanno la piccola cronaca; i grandi massacratori la grande storia.

*

Il politico che dice ciò che pensa non riflette abbastanza.

*

Le donne che mi hanno capito di meno sono quelle che io ho capito di più.

*

C'è qualcosa di apparentemente capriccioso anche nella misericordia divina.

*

L'inquietudine umana nasce dall'insondabile volubilità divina.

*

Siamo nati per morire e per rinascere, purificati dalla sofferenza e dalla morte.

*

Dio non riesco a immaginarlo, e forse è meglio così.

*

Penso al passato, ma non voglio rivederne i luoghi. Se fossero rimasti intatti, ne resterei deluso. Se fossero cambiati, mi sentirei cambiato anch'io, e pure questa sarebbe una delusione.

*

La giustizia più sospetta è quella fondata sui sospetti.

*

Ogni uomo dovrebbe avere una sola donna. Altrui.

*

La malinconia ci fa ritrovare i nostri sentimenti; l'infelicità, i nostri valori.

*

Buon politico è chi vorrebbe credere in ciò che fa credere agli altri.

*

L'uomo, in fondo, ama solo se stesso, ma per fortuna un po' se ne vergogna. Ecco perché finge d'amare anche gli altri.

*

Il disprezzo è un odio senza stima.

*

Per capire gli altri dobbiamo guardarci dentro perché in noi c'è l'uomo, ci sono gli uomini, c'è tutto.

*

Quando l'uomo si sente troppo buono cessa di esserlo. Questo perché nella vera bontà c'è più amore per gli altri che per se stessi.

*

La tristezza è la malinconia che ha perso la speranza.

*

Un politico debole non potrà mai essere giusto, dovendo sempre scendere a compromessi.

*

Il problema dell'italiano non è assumere una responsabilità, ma assumerla per primo.

*

La nostra borghesia si sente libera solo perché tollera di essere vilipesa dai suoi figli viziati e scapestrati.

*

La fortuna è capricciosa perché l'uomo è volubile.

*

I grandi del passato sono tali soprattutto perché appartengono al passato.

*

La fede sposta le montagne. La grande fede le rimette a posto.

*

La grandezza bisogna guardarla da lontano senza soffermarsi troppo su di essa.

*

La convivenza, che è vicinanza, logora un'unione quanto la lontananza. E in più, la immeschinisce.

*

Ho tutto per essere felice, meno la voglia di esserlo.

*

L'uomo è nato per soffrire e, paradossalmente, solo la morte, che è la sofferenza più grande, pone fine ai suoi tormenti.

*

Il sole vorrebbe andar a letto con la luna, ma non riesce a fissarle un appuntamento.

*

La donna perdona al marito quelle distrazioni che non perdonerebbe all'amante.

*

La fede ci fa sperare in un mondo che temiamo di conoscere.

*

Il retore compra al minuto buona merce, che vende all'ingrosso deteriorata.

*

Il patofobo sta male soprattutto quando si sente bene.

*

Ho pensato agli altri come a me stesso, e ora mi sento in colpa.

*

L'odio è amore per i propri nemici.

*

C'è un solo modo di ribellarsi alla sorte avversa: raccoglierne le sfide. Dio ci mette alla prova o per temprarci o per farci scontare colpe e peccati.

*

La realtà supera la fantasia perché il caso va oltre ogni immaginazione.

*

Di un grande amore si ricordano e si rimpiangono soprattutto le piccole cose.

*

C'è gente così stupida che quando pensa mi fa riflettere.

*

Un grande amore, per esser tale, non deve durare a lungo.

*

Chiedere a un politico di dire la verità è come chiedere a un sordo di ascoltare un preludio di Chopin o a un cieco di guardare un dipinto di Leonardo.

*

L'amore finisce non perché il cuore invecchia, ma perché si rinnova.

*

Un amico che soffre ci fa soffrire meno di un nemico che gode.

*

Quel passato che non ritornerà più, e quel futuro che non scoprirò mai.

*

Il fascino è bellezza aromatizzata.

*

Perché la morte dovrebbe farci dimenticare quel che la vita ci ha insegnato?

*

La serenità ce la può dare anche la certezza che la felicità non esiste.

*

La pazzia è la rivolta dell'uomo alle imperfezioni dei propri simili.

*

Il modo migliore per aiutare gli altri è fare il proprio dovere.

*

La vita è un treno che si ferma in un tunnel chiamato morte. Per riprendere la corsa verso un altro tunnel, e poi verso un altro ancora. Forse, all'infinito.

*

Il tempo è denaro solo per chi sa spenderlo.

*

Ci sono matrimoni che si strappano, altri che si sfilacciano. È più facile ricucire quelli che rammendare questi.

*

La morte: un nulla pieno di tutto.

*

Solo l'uomo che si vuole conoscere può riconoscere Dio.

*

La vita: una corsa con troppi ostacoli, ma anche con troppi traguardi.

*

L'egoista sa ciò che vuole; l'altruista, ciò che vogliono gli altri.

*

L'impulsivo è come chi mette in moto la propria auto prima di salirvi.

*

L'orgasmo è un rantolo che ci ridà la vita.

*

Se l'uomo non volesse godere tanto, soffrirebbe meno.

*

Il lampo di genio è un ictus dell'intelligenza.

*

I nostri moralisti o hanno la barba o la fanno venire.

*

L'uomo che, dopo aver fatto l'amore con una donna, riesce a parlarle come le parlava prima, è veramente innamorato.

*

Un matrimonio senza stima è come un contratto senza firma.

*

La donna cede a un uomo o perché le piace o perché piace a un'altra. Ma per gli stessi motivi può anche resistergli.

*

Moglie e amante hanno in comune un sentimento: l'invidia. Ciascuna delle due vorrebbe esser al posto dell'altra.

*

Nell'individualismo dell'italiano c'è più egocentrismo che indipendenza.

*

Ciò che rende eminenti certi uomini è più la grandezza del loro egoismo che del loro cuore.

*

Per fare bisogna credere. Più in noi stessi che negli altri, ma più in Dio che in noi stessi.

*

In politica, la costanza dev'essere duttile.

*

È un uomo così grande che sa farsi invidiare anche nella disgrazia.

*

Mediocre in tutto. Anche nella mediocrità.

*

Date un luogo comune a un fanatico e ne farà un dogma.

*

A renderlo detestabile non sono tanto le virtù che non possiede, quanto la pretesa che gli altri gliele riconoscano.

*

Le stelle: i brividi della luna.

*

La vita è una maestra che apparentemente improvvisa le sue lezioni, che può bocciare i bravi e promuovere gli incapaci. In realtà, tutto predispone, e i suoi giudizi non sono mai avventati. Se tali sembrano è perché essa risponde a un provveditore di cui nessuno conosce i disegni.

*

Ci sono donne che all'uomo si abbandonano, altre che lo sfidano. A conquistarlo sono soprattutto le prime.

*

Mi fido di me stesso solo quando mi distraggo.

*

Fa di tutto per nascondere il proprio spirito. E ci riesce benissimo.

*

Superiore alle sventure altrui.

*

Anche il dolore che ci schianta alla fine diventa sopportabile.

*

Quanta gente pretende di sapere di noi ciò che noi stessi ignoriamo.

*

In Italia, chi esce dal seminato del conformismo ha sempre torto, soprattutto se ha ragione.

*

La verità non creduta diventa un po' meno vera.

*

La condanna di un uomo, anche il più empio e il più scellerato, dispiacerà sempre a Dio il quale, se è giustizia infinita, è ancora di più infinita misericordia.

*

L'ispirazione nasce dalla meditazione. Si raccoglie meglio in un campo ben concimato.

*

In politica, la bugia non è meno utile che in amore.

*

Se il talento è "un'arte accompagnata dall'entusiasmo", il genio è un'arte baciata dalla grazia.

*

Chi tace non sempre acconsente.

*

In tutti noi ci sono parecchi uomini. In taluni, anche qualche donna.

*

Il buon politico guarda lontano e tocca vicino.

*

Ci sono virtù che ci fanno soffrire più dei vizi che combattono.

*

Fama: la popolarità che ha passato gli esami.

*

Di radicale in Italia c'è solo il conformismo.

*

La sua grande ambizione è di non mostrarne alcuna.

*

In quanti uomini la gravità è pesantezza di cuore e leggerezza di mente.

*

È più facile credere a una grande bugia che a una piccola verità.

*

Il moralista è un cinico che simula l'intransigenza del fanatico.

*

Non si sbaglia quasi mai di proposito.

*

Le opinioni personali sono le più invadenti, quelle che più vorremmo imporre a chi vorrebbe imporci le sue.

*

C'è una verità assoluta che l'uomo ignora, e tante verità relative che, a proprio uso e consumo, egli manipola.

*

La coerenza in politica può portare lontano: anche fuori strada.

*

Il giudizio degli antenati lo interessa non meno di quello dei posteri.

*

Non per capire il mondo, ma per sentirlo, basta guardarsi dentro.

*

È soprattutto l'idea che, morti, si ricominci in qualche modo a vivere che mi fa temere l'aldilà.

*

L'italiano dice ciò che pensa solo dopo essersi accertato che qualcuno già lo ha detto.

*

A una donna che ci ama possiamo chiedere tutto. Ma se anche noi non l'amiamo, meglio non chiederle nulla.

*

Il poligamo è un altruista incompreso.

*

Quando amiamo una donna, adoriamo anche i suoi difetti. Quando non l'amiamo più, detestiamo anche le sue virtù.

*

La civetteria è una schermaglia amorosa in cui solo uno dei due contendenti – la donna – è armato.

*

Chi crede troppo in se stesso non ha tempo per credere negli altri.

*

Il pazzo è, a suo modo, un entusiasta che non riesce a rendere gli altri partecipi della propria esaltazione.

*

L'errore parte dal cervello, il peccato dal cuore.

*

Dio rende l'uomo infelice non per farlo soffrire, ma per mettere alla prova le sue virtù, sperimentare la sua fede, punire il suo orgoglio, castigare il suo egoismo.

*

L'onore è il condimento della dignità.

*

Con il potere i nostri intellettuali gesuiticamente si strusciano, gabellando per consenso l'orgasmo.

*

Il denaro è una maledizione soprattutto dopo che lo si è speso.

*

Dio, l'uomo può anche negarlo, ma non bandirlo dal proprio cuore.

*

Il potere aiuta a vincere, ma non insegna necessariamente a vivere.

*

Se durasse a lungo, la felicità ci farebbe terribilmente soffrire. Come terribilmente soffrire ci farebbe l'orgasmo se non si sfogasse in un attimo.

*

Il potere mette alla prova l'ambizione, non la virtù.

*

L'uomo chiede a Dio non solo ciò di cui ha bisogno, ma anche ciò a cui Dio vorrebbe ch'egli rinunciasse.

*

L'errore di Adamo non fu quello di aver mangiato la mela, ma di non essersela fatta prima sbucciare da Eva.

*

Il caso è una necessità che supera la ragione. Necessità apparentemente dettata dall'arbitrio.

*

La verità è la coscienza e la moralità del cosmo.

*

Niente rende così goffa una persona come lo sforzo di voler essere amabile.

*

In Italia, il progressista importa ideologie ed esporta capitali.

*

Il silenzio: colonna sonora della meditazione.

*

È più facile far a meno di una donna che delle donne.

*

Il bene che riceviamo dagli altri è sempre un po' meno bene di quello che agli altri facciamo noi.

*

Ideologia: l'ideale diventato tiranno.

*

A una certa età, se non abbiamo imparato a mentire, dobbiamo rassegnarci a dire la verità.

*

L'uomo, anche il più malvagio, il più imperfetto, è parte di un tutto che altrimenti non esisterebbe. Nell'economia e nell'armonia cosmiche ogni uomo è indispensabile, in virtù della sua unicità e irripetibilità. Senza di lui, il nulla o il caos.

*

Spesso l'ingratitudine umana altro non è che legittima difesa contro l'esosità di chi pretende più di quel che ci ha dato.

*

I sogni sono i desideri o le paure di una coscienza incosciente.

*

Talvolta la sofferenza altrui provoca in noi una gioia colpevole.

*

Un grande errore commesso da tanti sembra meno grave di uno piccolo commesso solo da noi.

*

Muoiono gli amori, non l'amore.

*

Il potere ci dà il dominio sugli altri ma non su noi stessi.

*

I consigli che diamo più volentieri sono proprio quelli non richiesti.

*

Quanto sarebbero più seri certi nostri intellettuali se non si prendessero tanto sul serio.

*

Se riesce a farla franca, l'ipocrita può anche passare per virtuoso. È la sorte di tanti moralisti.

*

Quello che in certe situazioni facciamo per gli altri non è nulla in confronto a quello che, nelle stesse situazioni, faremmo per noi.

*

Chi in amore dice sempre la verità non ama abbastanza.

*

Ci sono donne che negano le loro infedeltà così bene che meriterebbero di esser credute.

*

Più che fonte d'ispirazione, le donne sono per l'uomo fonte di disperazione.

*

Ci sono errori che ripariamo pungolati dalla coscienza, altri cui rimediamo per calcolo.

*

All'uomo di partito si richiede temperamento; all'uomo di governo, carattere.

*

Se l'uomo sapesse perché soffre chiederebbe di soffrire ancora di più, essendo il dolore il prezzo di ogni evoluzione e di ogni elevazione.

*

Nessun errore è così grave per chi lo ha commesso.

*

Nella nostra ambizione ci sono ideali e nobili propositi; in quella altrui solo voglia di successo e sete di potere.

*

I più non credono in Dio. Si limitano a parlarne.

*

In politica, l'ipocrisia diventa una colpa solo quando non ottiene il suo scopo.

*

Felicità: orgasmo dell'anima.

*

Chi gode in silenzio perde metà del piacere.

*

La virtù è il galateo della coscienza.

*

La morte è l'ultima incognita della vita.

*

Dio ha dato agli uomini la fede anche per il timore di essere dimenticato da loro.

*

Ha molte idee, ma crede solo in quelle che non lo fanno riflettere.

*

In politica, le virtù vanno ostentate, mai messe alla prova.

*

Il matrimonio è il primo passo verso il divorzio.

*

La cotta è una scintilla. L'amore un incendio.

*

È più facile dir male di se stessi che pensarlo.

*

Gli alberi: spilli celesti sulla terra.

*

Il salice piangente aspetta che i raggi del sole asciughino le sue lacrime.

*

Per distruggere un uomo non basta coprirlo di ridicolo. Bisogna anche che il ridicolo non ispiri pietà.

*

Quasi mai l'uomo ripara spontaneamente i propri errori.

*

La luna inciampa nel buio e vede le stelle.

*

Ciò che rende grande un uomo sono le rivolte della sua coscienza e i dubbi della sua fede.

*

Per me la donna comincia a quarant'anni, e non finisce più.

*

Il dogma è fatto di cupe certezze; la fede di luminose speranze.

*

L'infinito è il luogo di nascita dell'eternità.

*

L'idea, dopo la morte, di tuffarci nel cosmo e di agitarci fra le sue onde, più che sgomentarci dovrebbe attrarci. Non c'è infatti abisso senza fine cui non segua un baratro ugualmente immenso. Piombare, rotolare, rimbalzare nel vuoto, nel nulla apparente, per poi cadere su un altro pianeta, e qui ricominciare tutto da capo.

*

In ognuno di noi c'è Icaro e c'è Ulisse, c'è Prometeo e c'è Orfeo.

*

L'uomo sogna il cielo, ma ama la terra. Vuole conoscere Dio, ribellandosi alla sua ultima, inesorabile chiamata. Vuole più l'eternità del corpo che dell'anima. Vuole l'infinito nel finito. Di qui le sue insicurezze, le sue angosce, le sue lacrime.

*

I debiti di coscienza l'uomo li salda su questa terra. Variano solo le modalità di pagamento.

*

La vita non dà niente per niente. E anche questo è un segno della giustizia divina.

*

La differenza tra chi crede in Dio e chi lo nega è che il primo può sperare, il secondo lo vorrebbe.

*

La tradizione è un'antica moda santificata dalle buone opere e perpetuata da abitudini non sempre commendevoli.

*

L'italiano non si sente mai così libero come quando abusa della propria libertà.

*

Ciò che rende sporca la politica è che la fanno gli altri.

*

Se Dio ha creato l'inferno, ne ha poi distrutto le chiavi.

*

Non c'è niente di più interessante, e di più sospetto, della generosità dei ricchi e dei potenti. Il dono senza sacrificio o è indifferenza o è calcolo.

*

La religione è un istinto dell'uomo illuminato dalla coscienza.

*

La vecchiaia è un approdo per chi l'accetta, una voragine per chi la rifiuta.

*

Perché mi piacciono tanto le donne? Io non lo so, ma loro sì.

*

"Date a Cesare quel che è di Cesare e a Dio quel che è di Dio." Possibilmente, senza chiedere sconti.

*

Si può fingere di amare una donna solo se non se ne ama un'altra.

*

Non c'è modestia senza vanità.

*

Dio ha dato all'uomo la ricchezza per dimostrargli quanto siano meschine le sue aspirazioni.

*

Le donne più difficili si conquistano con l'indifferenza. Gli uomini, con la devozione.

*

Quanti sacrifici, quante rinunce si fanno per le donne altrui.

*

Sarebbe bello conquistare il mondo se poi non lo si dovesse governare.

*

Sono il quadrante di un orologio cui sono state tolte le lancette.

*

In politica, la reputazione non la stabiliscono i meriti, ma i risultati.

*

Com'è difficile ingannare le donne che vorrebbero ingannarci.

*

C'è chi volta gabbana in silenzio, chi rumorosamente. Entrambi hanno ottime *chanches* di diventare moralisti.

*

I difetti che ci riconosciamo non sono quasi mai quelli che ci attribuiscono gli altri.

*

È la vecchiaia: non riesco a innamorarmi più nemmeno di me stesso.

*

Il lavoro è un vizio che ci aiuta a far a meno degli altri.

*

L'uomo fedele sarà sempre e comunque vittima della donna più di quello infedele.

*

È facile esser giusti con chi la pensa come noi.

*

Compito della religione non è di spiegare all'uomo cose che l'uomo non può capire, ma di fargli accettare l'immenso mistero del creato.

*

Più che avere, voglio sperare.

*

Dobbiamo pensare a chi ha bisogno come se quel bisogno fosse il nostro, e nessuno pensasse a noi.

*

Temerarietà: impulsività dell'audacia.

*

I piccoli screzi coniugali sono come una palla di neve che comincia a rotolare lenta per poi ingrossarsi, acquistando velocità fino a diventare una valanga inarrestabile e devastatrice.

*

L'ipocrisia è la grande alleata dell'adulazione.

*

Se la vita è un paradiso di bugie, meglio l'inferno.

*

La coerenza, in politica, nasconde spesso mancanza d'idee.

*

L'uomo è cacciatore, la donna pescatrice.

*

Chi sa soffrire si purifica e s'innalza.

*

Agli occhi degli uomini intelligenti la vanità ci fa sembrare peggiori di quel che siamo.

*

Una donna che dice la verità non sa quel che dice.

*

L'odio aiuta a vivere non meno dell'amore.

*

Il nostro cattivo odore vale più di qualunque profumo altrui.

*

Ciò che rende superiore un uomo è la coscienza della sua inferiorità, illuminata dalla fede nel progresso spirituale.

*

A un uomo che non la ama, una donna non dovrebbe mai chiedere di amarla.

*

Cerco un Dio che non voglio trovare per paura che mi giudichi.

*

L'italiano è individualista col debole, conformista col forte.

*

Un uomo che crede in se stesso si può imprigionare e uccidere, mai conquistare.

*

Tutti gli uomini sono uguali. Ma alcuni sono peggiori.

*

Ci sono certezze interiori nate da un'intuizione superiore a qualunque dimostrazione.

*

L'uomo non è niente, ma vorrebbe tutto.

*

Invidiamo chi, più di noi, è e chi, più di noi, ha, ma non invidiamo chi, *molto* più di noi, è e, *molto* più di noi, possiede. In questo caso, l'invidia lascia il posto a un'enfatica ammirazione.

*

Ci sono dolori così grandi che ci rendiamo conto della loro entità solo quando li abbiamo superati.

*

Senza il denaro, la vita non è facile, ma con troppo denaro può diventare impossibile.

*

"Il tempo vola." Impiegandolo bene, possiamo volare con lui.

*

Ci sono errori che ripetiamo per il semplice motivo che ci piace ripeterli.

*

Un politico che parla chiaro è come un uomo che fa i propri comodi in pubblico.

*

La fantasia è un ballo in maschera della ragione, che non vuole più pensare, ma solo sognare.

*

Il cielo è il grande specchio del Dio che è in noi.

*

L'abitudine cementa i matrimoni più dell'amore, che però li fa nascere.

*

La vita, per una donna bella, è difficile; per una donna bella e intelligente, difficilissima; per una donna bella, intelligente e spiritosa, impossibile.

*

La pubblicità ci fa acquistare cose di cui non sentiamo la mancanza, ma di cui non potremo più far a meno.

*

La politica è una malattia, ma chi ne guarisce muore.

*

La vita di quasi tutti gli uomini è un romanzo destinato a restare nel cassetto.

*

Ci sono peccati di cui è un vero peccato pentirsi.

*

L'uomo sposa una moglie; la donna, uno scapolo.

*

Strano paese il nostro, dove non si dice quel che si pensa, ma si finge di pensare quel che si dice o, piuttosto, quel che dicono gli altri, la maggioranza.

*

A nulla ci s'abitua più faticosamente che al proprio dovere; e niente si esige di più che il dovere altrui.

*

L'italiano rispetta la legge soprattutto se coincide con i suoi interessi.

*

Se l'uomo soffre, ci deve pur essere un perché. E questo perché è un motivo in più di sofferenza.

*

Niente nuoce alla vena di un artista quanto l'autocompiacimento.

*

La vera felicità è l'illusione di raggiungerla.

*

Di una donna, le infedeltà è più facile ignorarle che perdonarle.

*

Non si può comprendere Dio senza, talvolta, ribellarsi a lui.

*

Le bugie hanno le gambe corte solo per chi non sa raccontarle.

*

Ogni donna è diversa da un'altra. Ma i miei sguardi sono sempre gli stessi

*

Vorrei già esser morto per non aver più paura di morire.

*

Buon politico è chi sa cosa dire; gran politico, chi sa cosa tacere.

*

Dio: mistero; uomo: dolore.

*

Dietro e dentro ciascuno di noi c'è l'umanità intera.

Saggistica e Varia Bompiani

Ultimi titoli
(il numero in esponente si riferisce all'ultima edizione):

Umberto Eco, *Dalla periferia dell'impero*
Frédérick Leboyer, *Dalla luce il bambino*
Claire Bretecher, *Il cordone infernale*
Sheila Kitzinger, *Donne come madri*
Alberto Moravia, *Impegno controvoglia*
Frédérick Leboyer, *Per una nascita senza violenza*[7]
Sheila Kitzinger, *Diario della nascita*
Sheila Kitzinger, *La gioia della nascita*
Woody Allen, *Effetti collaterali*[2]
Carl E. Schorske, *Vienna fin de siècle*
Mario Monti, *Passarono di qui*[2]
Billa Zanuso, *La nascita della psicoanalisi*
Quino, *Né arte né parte*
Tom Wolfe, *Maledetti architetti*
Aleksander Gieysztor, *Storia della Polonia*
Michael Grant, *Le civiltà mediterranee*
Giorgio Borsa, *Gandhi*[2]
Hans D. Disselhoff, *Le civiltà precolombiane*
Umberto Eco, *Sette anni di desiderio*
Claire Bretecher, *Le madri*
Michel Poniatowski, *Storia del Direttorio*
Martin L. Clarke, *Bruto*
Lidia Storoni Mazzolani, *Le sacre sponde*
Mario Picchi, *Intervista sulla droga e sull'uomo*[2]
J.T. Hooker, *Gli spartani*
Franz Herre, *Metternich*
Basil H. Liddell Hart, *Lawrence d'Arabia*
Claire Bretecher, *Il destino di Monique*
Sergio Romano, *Giovanni Gentile*
Michael Grant, *L'antica civiltà di Israele*
Roberto Gervaso, *La monaca di Monza*
Maldwyn A. Jones, *Storia degli Stati Uniti*
Gaetano Afeltra, *Corriere primo amore*[2]
Denis Mack Smith, *Cavour*[2]
Roberto Gervaso, *Il grillo parlante*[3]

Luciana Frassati, *Il destino passa per Varsavia*
Claire Bretecher, *I frustrati* (5 volumi)
William Weaver, *Eleonora Duse*
Arthur Keaveney, *Silla*
Stanley Wolpert, *Storia dell'India*
A. Peccei - D. Ikeda, *Campanello d'allarme per il XXI secolo*
Umberto Eco, *Sugli specchi e altri saggi*
Kenneth O. Morgan, *Storia dell'Inghilterra*
Gabriel Camps, *La preistoria*
AA. VV., *Saggi su "Il nome della rosa"*
Michael Grant, *San Paolo*
Claudio Angelini, *In viaggio con Pertini*[2]
Isabella Q. De Filippo, *Eduardo*[2]
Vittorio Segre, *Storia di un ebreo fortunato*[3]
Sergio Romano, *Crispi*
Roberto Gervaso, *Se vuoi che t'ami...*
Roberto Vacca, *Rinascimento prossimo venturo*
Giuseppe Veneziani Santonio, *Tommaso Lequio*[2]
AA. VV., *Omaggio a Pirandello*
Stephan Vajda, *Storia dell'Austria*
Charles Gallenkamp, *I maya*
Daisaku Ikeda, *Buddhismo. Il primo millennio*
Altan, *Dieci anni Cipputi!*[2]
Alberto Moravia, *Passeggiate africane*
David Day, *Il bestiario di Tolkien*[2]
Daisaku Ikeda, *Buddhismo in Cina*
Judith Hooper - Dick Teresi, *L'universo della mente*
Roberto Gervaso, *Scandalo a corte*
Franz Herre, *Ludwig II*
Roberto Bosi, *I grandi regni dell'Africa nera*
Franco Mannino, *Genii*[3]
Armando Corona, *Dal bisturi alla squadra*[2]
Georges Duby, *Storia della Francia*
Quino, *Noi due*[2]
Fernand Braudel, *Il Mediterraneo*[2]
Emanuele Novazio, *La Russia di Gorbaciov*
Bhagwan Shree Rajneesh, *La Bibbia di Rajneesh*
Alberto Cousté, *Il tarocco*[7]
Jacques Testart, *L'uovo trasparente*
Luca Canali, *Manuale ad uso degli scrittori esordienti*
Anthony Robbins, *Come ottenere il meglio da sé e dagli altri*[2]

Renato Minore, *Leopardi*[7]
Sheila Kitzinger, *Libertà nella nascita*
Lonnie G. Barbach, *Guida alla felicità sessuale della donna*
Dale Carnegie, *Come godersi la vita e lavorare meglio*[2]
Commissione mondiale per l'ambiente e lo sviluppo,
Il futuro di noi tutti[2]
Frédérick Leboyer, *Shantala*[7]
Ulrico di Aichelburg, *Le scienze della vita*
Paul Hawken, *Come scegliersi un'attività e farne un business*
Marcello Staglieno, *Un santo borghese*
Roberto Formigoni, *Io e un milione di amici*
Ciriaco De Mita, *Politica e istituzioni*[2]
Michael Grant, *La civiltà ellenistica*
Gabriella D'Ina - Giuseppe Zaccaria, *Caro Bompiani*
Quino, *Quinoterapia*
Cesare Zavattini, *Una, cento, mille lettere*
Daisaku Ikeda, *La vita del Buddha*[2]
Gavino Sanna, *Le uova di Woody Allen*
Otto Kiefer, *La vita sessuale nell'antica Roma*
Peter Gay, *Freud*
Filippo Barbano, *Diavolo, diavoli*
Sergio I. Minerbi, *Il Vaticano, la Terra Santa e il Sionismo*
Arnold Toynbee - Daisaku Ikeda, *Dialoghi*
Jeremy Rifkin, *Guerre del tempo*
Roberto Gaja, *Il marchese d'Ormea*[2]
Dale Carnegie, *Come trattare gli altri e farseli amici*[9]
Dale Carnegie, *Come vincere lo stress e cominciare a vivere*[4]
Bhagwan Shree Rajneesh, *Tantra*[4]
Roger Lewin, *Le ossa della discordia*
F. Furet - M. Ozouf, *Dizionario critico della Rivoluzione francese*[2]
Eduardo Rescigno, *Da Ponte*
Jas Gawronski, *Primi piani*
Aldo Grasso, *Linea allo studio*
Norman Vincent Peale, *Come acquistare fiducia e avere successo*
Sergio Romano, *Giolitti*
Colette Dowling, *La sindrome di Biancaneve*
Bhagwan Shree Rajneesh, *Il libro dei segreti*[4]
Benjamin Spock, *Il manuale dei genitori*
Paul Arnold, *Storia dei Rosa-Croce*
Quino, *Tutta Mafalda*[9]
Luciano Satta, *Matita rossa e blu*[2]

Finito di stampare
nel mese di ottobre 1989 presso il
Nuovo Istituto Italiano d'Arti Grafiche - Bergamo
Printed in Italy